Direkte Demokratie

Campus Studium

Prof. Dr. Theo Schiller ist Professor für Politikwissenschaft an der Philipps-Universität Marburg.

Theo Schiller

Direkte Demokratie

Eine Einführung

Campus Verlag
Frankfurt/New York

Bibliografische Information der Deutschen Bibliothek

Die Deutschen Bibliothek verzeichnet diese Publikation in der Deutschen Nationalbibliografie. Detaillierte bibliografische Daten sind im Internet über http://dnb.ddb.de abrufbar.

ISBN 3-593-36614-2

Umschlagmotiv: Guido Klütsch, Köln
Druck und Bindung: Druckhaus Beltz, Hemsbach
Gedruckt auf säurefreiem und chlorfrei gebleichtem Papier.
Printed in Germany

Inhalt

Danksagung

Für vielfältige inhaltliche Anregungen, für umfangreiche und sachkundige Informationsbeschaffung und für die technische Umsetzung gilt mein besonderer Dank meinem Mitarbeiter, Herrn Dipl.-Pol. Volker Mittendorf, Institut für Politikwissenschaft und Forschungsstelle für Bürgerbeteiligung und direkte Demokratie der Philipps-Universität Marburg. Er ist selbständiger Autor des Kapitels 8: „Die Kommunen".

Wichtige Hinweise und Korrekturvorschläge verdanke ich ebenfalls dem ehrenamtlichen Mitarbeiter der Forschungsstelle, Herrn Dipl.-Pol. Frank Rehmet, Frankfurt/M.

Herr lic. pol. Andreas Gross (Zürich/St. Ursanne), Abgeordneter des Nationalrats der Schweiz und Lehrbeauftragter am Institut für Politikwissenschaft der Universität Marburg, war mir seit Jahren ein inspirierender Gesprächspartner, nicht nur zum Thema direkte Demokratie.

Marburg, Juli 2002 *Theo Schiller*

1. Kurzeinleitung

Kurzdefinition: Direkte Demokratie bedeutet heute, dass die Bürgerinnen und Bürger als Stimmbürger im Wege der Volksabstimmung politische Sachfragen selbst entscheiden. Direktwahlen von Amtsträgern (z. B. Bürgermeistern oder Regierungschefs) gehören nicht zur direkten, sondern zur repräsentativen Demokratie.

Historischer Ursprung: In der griechischen Antike, vor allem in der Athener Polis zwischen dem 6. und 4. Jh. vor Chr., wurden wesentliche politische Entscheidungen auf der Agora von der Volksversammlung getroffen. Dieser Struktur verdankt sich der Begriff Demokratie überhaupt, der besagt, dass das Volk insgesamt (und nicht einzelne oder wenige Amtsinhaber) die politische Macht ausübt.

Im Staat der Moderne bilden Verfassungen der Repräsentation die Grundstruktur politischer Macht (Ständeversammlungen, Parlamente). Direkte Demokratie bildet sich in der Gegenüberstellung zu repräsentativer Herrschaft aus. Sie korrigiert und ergänzt repräsentative Institutionen.

Institutionen und Praxis direkter Demokratie heute gibt es in zahlreichen Ländern, z. B. in der Schweiz (Bund, Kantone und Gemeinden), in 28 Bundesstaaten der USA (Staats- und Gemeindeebene), in Australien, Neuseeland und in mehreren Staaten der Europäischen Union: z. B. Italien, Dänemark, Irland, Frankreich (Plebiszite) und Deutschland (Bundesländer und Kommunen). In den Niederlanden wurde 2002 ein Gesetzentwurf zur Einführung direkter Demokratie im Parlament („korrektives Referendum") verabschiedet. In diesen Ländern bestehen unterschiedliche Formen der direkten Demokratie, verschiedene Arten der Verknüpfung mit dem Repräsentativsystem und eine unterschiedlich intensive Praxis.

Historischer Entstehungskontext: Kein Land verfügte von Anfang an über direkte Demokratie. Sie wurde jeweils im politischen Konflikt gegenüber einer oligarchischen Machtkonzentration erstritten. In der

Schweiz gibt es das obligatorische Verfassungsreferendum seit 1848, das fakultative Gesetzes-Referendum auf Bundesebene seit 1874 und die Verfassungsinitiative seit 1891. In den USA wurde die Volksgesetzgebung zwischen 1898 (South Dakota) und 1918 in 22 Bundesstaaten eingeführt, seit 1959 kamen sechs weitere Staaten hinzu. Begünstigt wurden diese Entwicklungen in beiden Ländern durch Traditionen breiter bürgerschaftlicher, zumal versammlungsdemokratischer Beteiligung, so die Gemeindeversammlungen und die Landsgemeinde in zahlreichen Schweizer Kantonen oder seit dem 17. und 18. Jahrhundert Volksgesetzgebungsrechte in mehreren nordamerikanischen Neuenglandstaaten und ihren Gemeinden.

Deutschland: Erstmals breiter eingeführt wurden direkte Volksrechte in Deutschland mit der Weimarer Verfassung (1919) auf Reichsebene, aber auch in Länderverfassungen und in den Gemeindeordnungen zahlreicher Länder. Nach 1945 enthielten die ersten Länderverfassungen, vor allem in der amerikanischen Besatzungszone (Bayern, Württemberg-Baden, Hessen), ähnliche Regelungen. In das Grundgesetz der Bundesrepublik Deutschland wurden 1949 die Weimarer Ordnungen jedoch nicht aufgenommen, wohl aber eine Spezialvorschrift (Art. 29 GG) über die Neugliederung von Bundesländern. Art. 20 GG bestimmte nur, dass die Staatsgewalt vom Volk in Wahlen und Abstimmungen und durch besondere Organe ausgeübt werde. Nachdem Schleswig-Holstein (1990) und alle neuen Bundesländer nach der deutschen Einheit Volksrechte in ihre Verfassungen aufnahmen, ergänzten oder verbesserten auch die meisten alten Länder ihre direktdemokratischen Regelungen. Auf Kommunalebene kannte zunächst nur Baden-Württemberg (seit 1956) Bürgerbegehren und Bürgerentscheid, seit 1990 wurde in allen Ländern dieses Instrument in die Gemeindeordnungen aufgenommen. Die Diskussion über die Einführung von Volksbegehren und Volksentscheid im Grundgesetz für die Bundesebene wurde nach der deutschen Einheit durch die Gemeinsame Verfassungskommission von Bundestag und Bundesrat (1992-93) begonnen. Das Mehrheitsvotum reichte jedoch nicht für eine verfassungsändernde Zwei-Drittel-Mehrheit. Im März 2002 wurden gemäß der Koalitionsvereinbarung von 1998 neue Vorschläge von SPD und Grünen vorgelegt, die die Debatte neu eröffnet haben (vgl. Anhang).

2. „Verfassung der direkten Demokratie" – Grundbegriffe und Verfahren

2.1 Direkte Sachentscheidungen

In einer Demokratie liegt die legitime politische Macht („Staatsgewalt") beim Volk – nach der berühmten Formel Abraham Lincolns geht es um die „Regierung des Volkes, durch das Volk, für das Volk". Sie wird in den Worten des Artikel 20 des deutschen Grundgesetzes „vom Volk in Wahlen und Abstimmungen und durch besondere Organe der Gesetzgebung" ausgeübt. Wahlen sind grundlegend für die Demokratie, aber sie begründen ein Repräsentationssystem: man wählt Repräsentanten. Direkte Demokratie ist etwas grundsätzlich anderes als Wahlen. Nur direkte Sachentscheidungen der Bürger machen die direkte Demokratie aus. „Direktwahlen" von Repräsentanten (Bürgermeister, Präsidenten) bleiben Wahlen und haben nichts mit direkter Demokratie zu tun. Der Begriff der direkten Demokratie ist überhaupt nur sinnvoll in der Gegenüberstellung zu Repräsentation und zur repräsentativen Demokratie. Auch historisch ist er genau aus dieser Konfrontation heraus entstanden.

2.2 Verfahrenstypen der direkten Demokratie

Den Kern direkter Demokratie bildet die Entscheidung politischer Sachfragen durch die Stimmbürgerinnen und Stimmbürger im Wege der Volksabstimmung. Für diese Institution sind Verfahrensregeln erforderlich, so wie Wahlen durch Wahlgesetze geordnet werden. Ähnlich wie bei den Wahlsystemen hat sich auch in der Praxis der direkten Demokratie eine Differenzierung von Verfahrenstypen herausgebildet. Sie unterscheiden sich nach den vorgesehenen Entscheidungsgegenständen, nach dem Grad der Verbindlichkeit des Votums und vor allem danach, welche Personen oder Instanzen eine Volksabstimmung auslösen können.

- *Auslösungskompetenz:*

  a) *Initiative:* Typisch für direkte Demokratie sind Verfahren, die „von unten", von Personen, Gruppen oder Organisationen der Stimmbürgerschaft, ausgelöst werden, im deutschen Sprachgebrauch also Volksbegehren und ein anschließender Volksentscheid (im internationalen Sprachgebrauch meist „Initiative" genannt).
  b) *Referendum:* Kann ein Parlamentsbeschluss, insbes. über ein Gesetz, „von unten" einer Volksabstimmung unterworfen werden, spricht man von einem „fakultativen Referendum", z. B. in der Schweiz.
  c) *Obligatorisches Referendum:* wird nach festgelegten Normen (etwa durch Verfassungsvorschrift) „verpflichtend" ausgelöst, häufig z. B. bei Verfassungsänderungen.
  d) *Plebiszit:* Steht die Auslösung im Ermessen eines Staatsorgans (Regierung, Staatspräsident, Parlamentsmehrheit u.Ä.), wird eine Volksabstimmung zwar oft auch „Referendum" genannt, doch handelt es sich nach verbreitetem Sprachgebrauch um ein Plebiszit und damit um ein Verfahren, dessen Zugehörigkeit zur direkten Demokratie umstritten ist. Wegen der strategischen Manipulierbarkeit „von oben" sind diese Zweifel berechtigt.

- *Entscheidungsgegenstände:* Hier ist hauptsächlich zwischen Verfassungen bzw. Verfassungsartikeln, Gesetzen, Finanzthemen und Staatsverträgen zu unterscheiden.
- *Entscheidungsverbindlichkeit:* Bei Initiative und Referendum ist sie in der Regel gegeben. Als Vorstufe gibt es in manchen Ordnungen eine unverbindliche „Volksanregung", die zur Befassung des Parlaments mit einem Thema führen soll. Die Terminologie ist dabei verwirrend vielfältig, z. B. „Bürgerantrag" (Bremen, Thüringen), „Volksinitiative" (Berlin, Niedersachsen, Sachen-Anhalt), in Österreich „Volksbegehren", auf Kommunalebene auch Bürgerantrag, Bürgerinitiative usw. Plebiszite finden manchmal auch als unverbindliche „Volksbefragungen" statt.

Tabelle 2.1: Verfahrenstypen (Beispiele)

	Verfassung	Gesetz	Verträge Finanzen
Anregung (unverbindlich)		Österreich Einige dt.Länder, z. B. Schlesw.-Hol.	
Initiative (Volksbegehren)/ Volksentscheid	Schweiz 17 US-Staaten Einige dt. Länder Liechtenstein	Deutsche Länder 21 US-Staaten Kantone Schweiz Liechtenstein	Schweizer Kantone
Referendum, fakultativ	Italien	Schweiz Weimarer Verf. 25 US-Staaten Italien Liechtenstein	Schweiz Liechtenstein
Referendum, obligatorisch	Schweiz Österreich (Totalrev.) 49 US-Staaten Dänemark Bayern, Hessen Australien Liechtenstein		Schweiz (bestimmte Verträge)
Parlamentarische Minderheits-Initiative		Weimarer Verfassung Rheinland-Pfalz	
[Plebiszit]	[Frankreich]	[Weimarer Verf.] [Österreich]	

Quellen: Möckli 1994; Erne 2002; von Arnim 2000b; Wili 1997.

Die Tabelle 2.1 zeigt die Vielfalt der Verfahren und ihre Verbreitung in der Welt, sie lässt auch erkennen, wie unterschiedlich einzelne Länder die Verfahren kombiniert haben. Dahinter darf man die jeweiligen Konfliktkonstellationen während der Einführungsphase vermuten (vgl. Kap. 3). Die länderspezifische Struktur der Verfahrenstypen gewinnt zusätzliche Bedeutung im Rahmen des politischen Gesamtsystems der einzelnen Länder.

Die Verfahrenstypen bieten jedoch noch kein Gesamtbild der Institution „direkte Demokratie". Die „Verfassung" der direkten Demokratie lässt sich erst überschauen und beurteilen, wenn die Verfahrensordnungen im Detail hinzu genommen werden. Hierzu gehören eine ganze Reihe von Detailregelungen, die jedoch große Wirkungen haben können:

- Freie oder begrenzte Themenwahl – sind auch Verfassungsfragen und Finanzthemen zulässig ?
- Formelle Anforderungen – sind z. B. Finanzierungsvorschläge erforderlich?
- Antragshürden – insbes. Höhe eines Unterschriftenquorums und der Sammelfrist ?
- Verknüpfung mit dem Parlamentsverfahren?
- Zustimmungshürden – Zustimmungsquorum zusätzlich zum Mehrheitserfordernis?
- Aufhebung (Deutschland, Italien), Änderung (Deutschland), Verhinderung eines Gesetzes (Schweiz) oder (Teil-)Revision der Verfassung (Schweiz)?
- Vorschriften zu einfacher (Schweiz) oder komplexer (Italien) Darstellung der Antragsfrage?

Es bestehen demnach sehr unterschiedliche Arten und Grade der Beschränkung der Initiativmöglichkeit (Volksbegehren) und der Erfolgsbedingungen beim Volksentscheid. In den deutschen Bundesländern sind die Bedingungen im Vergleich zur Schweiz oder den US-Bundesstaaten besonders restriktiv, da die Antrags- bzw. Zustimmungshürden sehr hoch sind und das Finanztabu (und weitere Grenzen) die Themenwahl grundsätzlich beschränkt. Gegenüber den Hauptvergleichsländern besteht also in den deutschen Ländern (bei allen Unterschieden, vgl. unten Kap. 6) eine restriktive Verfassung der direkten Demokratie und demzufolge auch ein eher schwacher Ergänzungsstatus in der politischen Gesamtverfassung.

2.3 Direkte Demokratie im politischen Gesamtsystem

Einleitend war direkte Demokratie mit der Volksabstimmung definiert worden (Abstimmungsdemokratie). Ein zweites, historisch früheres, Grundmodell stellt der Zusammentritt der gesamten Bürgerschaft zu einer Volksversammlung dar (Versammlungsdemokratie). Wenngleich theoretisch denkbar, gibt es in Geschichte und politischer Praxis kein System, das ausschließlich aus direkter Demokratie in der Form von Versammlungsdemokratie oder Abstimmungsdemokratie bestehen würde. Auch dort, wo die direkte Demokratie die zentrale Entscheidungsinstitution darstellt, sind im System noch weitere Institutionen wirksam. In vielen Fällen bildet direkte Demokratie nur ein ergänzendes oder nachgeordnetes Element. Direkte Demokratie in reiner Modellform war und ist nirgendwo realisiert. Das gilt auch für die Polis im antiken Griechenland (bekannt vor allem Athen). Die Volksversammlung (Ekklesia) war hier (in klassischer Zeit, ca. 507/06 bis ca. 322/20 v. Chr.) zweifellos das zentrale Organ politischer Entscheidungsfindung. Ein zweites wichtiges Organ stellte der Rat der 500 (Boulē, zeitweise 400) dar, dem die Vorbereitung der Tagesordnung und überwiegend auch der Beschlussvorschläge oblagen. Seine Mitglieder wurden nach einem kunstvollen Repräsentationsschema aus der Zeit des Kleisthenes (Ende des 6. Jahrhunderts) durch Losentscheid für ein Jahr bestimmt. Hinzu kamen weitere Amtsträger, zum Teil durch Losentscheid, zum Teil auch durch Wahl (insbesondere die Militärführer = Strategen). Eine auf längere Zeit amtierende Regierung im modernen Sinne gab es jedoch nicht. Das Funktionieren und die Stabilisierung dieser demokratischen Gesamtordnung hing entscheidend vom Zusammenspiel zwischen Volksversammlung und Rat der 500 ab. Der Rat mit seinen Untergliederungen musste für Problembewusstsein und ein geordnetes Verfahren sowie Handlungsmöglichkeiten und Umsetzung sorgen, doch wurde peinlich genau darauf geachtet, dass keine Einflusspositionen von längerer Dauer mit Manipulationsgefahren gegenüber der Ekklesia entstehen konnten. Wieweit innerhalb der Volksversammlung einzelne Redner (Rhetoren) Autorität gewinnen und über längere Zeit erhalten konnten, ist eine andere Frage. – Jedenfalls konnten auf Grund des Rotationsprinzips im Rat (einmalig für ein Jahr) eine größere Zahl von Bürgern intensivere Amtserfahrungen sammeln, die auch in der Versammlung und der öffentlichen politischen Diskussion nachwirkten. Nur im Zusammenwirken von Versammlung und Rat konnte die (athenische) Demokratie über mehr als 150 Jahre (mit kurzen oligarchischen Unterbrechungen) funktionsfähig erhalten werden. Die komplexe Repräsentations- und Vorbereitungsfunktion des Rates trug offenbar wesentlich dazu bei, dass die Volksversammlung selbst nicht oligarchischer Manipulation, Polarisierung oder Korruption zum Opfer fiel. Am Ende verlor sie ihre Bedeutung wegen der Niederlage Athens gegen Philipp von Makedonien.

Die Schweiz ist das zweite „klassische" Anwendungsland direkter Demokratie. Die Volksversammlung gab bzw. gibt es hier auf der Ebene der Kantone und Gemeinden: die kantonale Landsgemeinde heute nur noch in Appenzell-Innerrhoden und Glarus, die Gemeindeversammlung noch in zahlreichen kleineren Gemeinden vor allem der Deutsch-Schweiz. Auch hier hat die Volksversammlung kein Machtmonopol, sondern es besteht in jedem Fall eine Kantonsregierung (Landammann) oder Gemeinderegierung, Gemeinden ab 20.000 Einwohnern haben immer, kleinere Gemeinden zum Teil, auch ein Gemeindeparlament. Zum überwiegenden Teil ist die Funktion der Volksversammlung durch die Form der Urnenabstimmung ersetzt. Ohnehin gilt dies auf der Bundesebene. Grundsatzentscheidungen, Gesetzgebung und Regierungskontrolle als wesentliche direktdemokratische Funktionen müssen daher im Ensemble der politischen Institutionen jeweils genauer verortet werden. Grundsätzlich ist davon auszugehen, dass Direktentscheidungen des Volkes seit dem 19. Jahrhundert in der Regel im Rahmen eines Repräsentativsystems mit einem (gewählten) Parlament und einer Regierung stehen. In diesem Dreieck der Verfassungsorgane (zuzüglich Justiz) sind die verschiedenen Verfahrens„verfassungen" zu verorten und mit ihrem Ergänzungsstatus zu gewichten. Ein generelles Urteil über Wert oder Unwert direkter Demokratie ist letztlich ohne diesen gesamten Systemkontext nicht möglich. Man muss zwischen einem starken und einem schwachen Ergänzungsstatus unterscheiden. Funktionszuweisungen und Qualitätserwartungen sind auf diese Zusammenhänge in der Gesamtverfassung abzustellen. Besonders sind die Differenzen zwischen dem Kern direkter Demokratie und den Deformationen des Plebiszits zu beachten. Das von Staatsorganen nach politischem Ermessen ausgelöste Plebiszit wird in der Regel zu Zwecken der Legitimation und der Machterhaltung eingesetzt. Dem stehen die Machtkontrolle und die Beteiligung der aktiven Bürgerschaft als Grundmotive der direkten Demokratie diametral entgegen.

Leseempfehlungen

BLEICKEN, Jochen: *Die athenische Demokratie.* 4. Aufl. Paderborn : UTB - Schöningh, 1995 (UTB Wissenschaft 1330)

BUTLER, David / RANNEY, Austin (Hrsg.): *Referendums around the World. The Growing Use of Direct Democracy.* Washington D.C. : AEI Press, 1994

LINDER, Wolf: *Schweizerische Demokratie. Institutionen - Prozesse - Perspektiven.* Bern, Stuttgart, Wien : Haupt, 1999

MÖCKLI, Silvano: *Direkte Demokratie. Ein Vergleich der Einrichtungen und Verfahren in der Schweiz und Kalifornien, unter Berücksichtigung von Frankreich, Italien, Dänemark, Irland, Österreich, Liechtenstein und Australien.* Bern, Stuttgart, Wien : Haupt, 1994 (Sankt Gallener Studien zur Politikwissenschaft 16)

3. Historische Ausgangspunkte – Praxis und Theorie

Die direkte Demokratie erlebte ihre erste Blüte in der Form der Versammlungsdemokratie in der griechischen Antike, exemplarisch in der Athener Polis. Eine gründliche historische Beschreibung und Analyse der Praxis, der Leistungen und der Schwierigkeiten kann im Rahmen dieses Bandes nicht angemessen geboten werden, so dass es bei den bisherigen wenigen Hinweisen bleiben muss. Wir werden uns vielmehr auf die Entwicklung der direkten Demokratie unter modernen Bedingungen seit dem 18. Jahrhundert konzentrieren. Anfänge und wesentliche Entwicklungsschritte finden sich hier in mehreren europäischen Ländern und in den USA, wie der kurze Überblick über die moderne Verfassungsgebung zeigt. Theoretische Ausgangspunkte stammen insbesondere von Jean-Jacques Rousseau und einer inzwischen ansatzweise erneuerten republikanischen Tradition.

3.1 Irrwege des Plebiszits in Frankreich

Der Paukenschlag für die Demokratie und die moderne Verfassungsentwicklung war die Französische Revolution von 1789 – und ihr Scheitern. Die Allgemeine Erklärung der Menschenrechte und die ersten geschriebenen Verfassungen setzten bleibende Maßstäbe, und überhaupt war mit der Revolution „das Volk“ als verfassungsgebende Gewalt in die Geschichte eingetreten, wie die Aufklärungsphilosophie etwa Jean-Jacques Rousseaus es postuliert hatte. Die Jakobinerverfassung vom Juni 1793, selbst durch Verfassungsreferendum angenommen, enthielt denn auch wesentliche direktdemokratische Einrichtungen (Verfassungsinitiative, fakultatives Gesetzesreferendum, obligatorisches Verfassungsreferendum), allerdings mit hohen Hürden und nie angewandt. Kurz danach wurde jedoch der Weg des Plebiszits beschritten: 1795 mit der Abstimmung über die Direktorialverfassung und 1799 mit dem Referendum über die Konsularverfassung war der Kaiserschaft Napoleons der Weg geebnet. Sie wurde zwischen 1800 und 1804 mehrfach plebiszitär abgesichert. Nach Napoleons Sturz wurde die plebiszitäre Legitimationsbeschaffung Jahrzehnte später von seinem Neffen, Louis Napoleon, wiederholt: im Dezember 1851, im November 1852 und zuletzt im Mai 1870. In diese Tradition verkappter Personalplebiszite stellte sich Mitte des 20. Jahrhunderts auch Charles de Gaulle, insbesondere mit dem Plebiszit im Oktober 1962 zur Einführung der Direktwahl des Präsidenten. 1969 scheiterte er schließlich mit einer neuerlichen Verquickung von Sach- und Personenfragen. Seine Nachfolger setzten das Instrument sparsamer ein und konnten damit auch nur begrenzte Erfolge erzielen. Präsident Pompidou erreichte zwar beim Volksentscheid über die Erweiterung der EWG 1972 eine Mehrheit, doch erlitt er einen Autoritätsverlust, da 46 Prozent der Stimmberechtigten den Urnen fernblieben. Auch das von Präsident Mitterand 1992 angesetzte Referendum über den Maastricht-Vertrag erwies sich als politisch riskant, da nur eine knappe Zustimmung von 51,05 Prozent Ja-Stimmen zur europäischen Währungsunion erreicht werden konnte.

In anderen Ländern, vor allem außerhalb Europas, werden Plebiszite verschiedentlich im Rahmen von autoritären oder diktatorischen Systemen (Präsidialherrschaft) als Instrument der Legitimationsbeschaffung eingesetzt. Dieses Problem kann hier schon aus inhaltlichen Gründen nicht weiter vertieft werden.

3.2 Verfassungsreferenden im 19. und 20. Jahrhundert

Die Verfassung Frankreichs von 1793 mit ihren genuin direktdemokratischen Elementen blieb zwar Episode, doch die Idee vom Volk als Schöpfer seiner Verfassung war nicht mehr ungeschehen zu machen. Zudem hatte diese Idee der Volkssouveränität über die Verfassung auch Vorläufer andernorts und vor 1789. In Amerika hatten bereits vor Inkrafttreten der US-Bundesverfassung (1787) einige Neuenglandstaaten Verfassungsreferenden praktiziert (Connecticut 1639, Massachussetts 1778, New Hampshire 1783), führten es obligatorisch ein (Maine 1816, Mississippi 1817) oder hielten ein Verfassungsreferendum vor dem Beitritt zu den USA ab (Iowa 1845, Texas 1845, Wisconsin 1846, Kalifornien 1856). Der Grundsatz, der später in (fast) allen amerikanischen Bundesstaaten das Verfassungsreferendum obligatorisch machte, hatte sich also in den USA bereits vor der liberal-demokratischen Revolutionsphase in Europa um 1848 etabliert. In der Schweiz mit ihren versammlungsdemokratischen Traditionen auf Gemeinde- und Kantonsebene hatte diese Entwicklung ebenfalls früher eingesetzt, denn die liberale Reformbewegung der 1830er Jahre führte in den meisten Kantonen das obligatorische Verfassungsreferendum herbei, in einigen Kantonen auch die Volksinitiative für Totalrevisionen der Verfassung, sowie das fakultative Gesetzesreferendum als Ersatz der Landsgemeinde. Die neue Bundesverfassung von 1848 schließlich sah ebenfalls das obligatorische Verfassungsreferendum und die Volksinitiative für Totalrevisionen vor. In anderen europäischen Ländern war die direktdemokratische Verfassungsidee weit weniger durchschlagend, zumal die 1848er Revolutionsbewegungen oft ebenso scheiterten wie in Deutschland. Außerdem standen häufig die Wahlrechtskämpfe im Vordergrund. Außerhalb Europas hat schließlich Australien 1901 das obligatorische Verfassungsreferendum eingeführt, in Europa folgte vor dem Ersten Weltkrieg nur noch Dänemark (1915). Eine größere Reorganisation der Verfassungen und der europäischen Staatenwelt vollzog sich am Ende des Ersten Weltkriegs, in der Regel mit dem Durchbruch zum allgemeinen Wahlrecht (incl. Frauenwahlrecht) und zur parlamentarischen Demokratie, freilich meist, wie im Falle der Weimarer Verfassung, ohne Verfassungsreferendum.[1] Im übrigen wurden staatliche Zugehörigkeitsfragen im Sinne des „Selbstbestimmungsrechts der Völker“ vermehrt Gegenstand von Volksabstimmungen (Plebisziten). Ein obligatorisches Verfassungsreferendum legte später (1929) noch Österreich fest. In Irland wurde nicht die dem Unabhängigkeitskampf folgende Verfassung von 1922, wohl aber die von 1937 durch Referendum legitimiert. Nach dem Zweiten Weltkrieg kam es zu Neugründungen der Demokratie nur in wenigen Ländern: Frankreich stimmte im Mai 1946 per Referendum der neuen Verfassung (IV. Republik) zu, Italien hob im Juni 1946 die Monarchie durch ein Plebiszit auf. Die Wiedererrichtung der

---

1 Insbesondere in den baltischen Staaten kam es auch zur Festlegung direktdemokratischer Verfahren.

Demokratie in Deutschland wurde nur in einigen Ländern durch Verfassungsreferendum vollzogen: Württemberg-Baden, Bayern, Hessen Ende 1946; Württemberg-Hohenzollern, Rheinland-Pfalz, Baden und Bremen im Mai bzw. Oktober 1947; schließlich Nordrhein-Westfalen 1950; aber in das Grundgesetz der Bundesrepublik wurde sie nicht aufgenommen.

3.3 Anti-oligarchische Bewegungen

Die Institution des obligatorischen Verfassungsreferendums bekräftigt zwar die Idee der Volkssouveränität, wirkt aber zunächst in der Praxis nur als „Verfassungsvorbehalt" des Volkes und garantiert noch keine weiteren direktdemokratischen Teilnahmerechte („Volksrechte"). Weder in allen Schweizer Kantonen noch auf Bundesebene gab es nach 1848 solche zusätzlichen Instrumente. In der Schweiz wie in den USA bedurfte es jeweils breiter sozialer Protestbewegungen, die zusammen mit sozioökonomischen Forderungen – z. B. dem Seuchenschutz, öffentlicher Hygiene, Zinspolitik und Wohlfahrtsgesetzgebung – und heftiger Kritik an ökonomisch-politischen Machtballungen solche Volksrechte durchsetzen konnten. In der Schweiz kristallisierte sich der Konflikt an der im Bund wie in Zürich regierenden Liberalen Partei und ihrem Repräsentanten Alfred Escher, der 1866 als demokratisch gewählter Kantonspräsident von Zürich einen Vertrag mit sich selber als dem Besitzer einer Eisenbahngesellschaft schloss. Dieser Vertrag unterlag zwar der Kontrolle durch das Parlament, aber dessen Vorsitzender war ebenfalls besagter Alfred Escher. Gegen diesen oligarchischen Filz opponierte eine breite Volksbewegung aus Handwerkern, Bauern, Arbeitern und Intellektuellen, die 1869 in Zürich eine neue Verfassung mit umfassenden Volksrechten erreichte. Die Ausbreitung ähnlicher Bewegungen in anderen Kantonen trug diese Forderungen bald auch auf die Bundesebene, wo 1874 das fakultative Referendum in eine gesamtrevidierte Bundesverfassung aufgenommen wurde. Die Forderung, auch das Initiativrecht in die Verfassung aufzunehmen, war erst nach neuerlichen Konflikten um ökonomische Fragen im Jahr 1891 erfolgreich, jedoch beschränkt auf Initiativen für (partielle) Verfassungsänderungen – was bis heute gilt. Auch in den USA war ein zweiter politischer Anlauf erforderlich. Er wurde seit den 1890er Jahren bis zum Ersten Weltkrieg und zum Teil bis zu dessen Ende getragen von den Protestbewegungen der „Populists“ und der „Progressives“. Hier hatten sich vor allem Landwirte, andere Selbständige und auch Arbeiter vor allem des Westens und Nordwestens der USA zu gemeinsamen politischen Forderungen zusammengefunden. Sie attackierten die ökonomische Machtkonzentration des Bank-, Industrie- und Eisenbahnkapitals und dessen politische Macht über Parteimaschinen und Ämterkartelle. Ihre drei politischen Hauptforderungen Initiative (für Verfassungsvorschriften und Gesetze), Referendum und „recall“ (Abwählbarkeit von Repräsentanten) konnten sie von 1898 bis 1918 im Kern in 22 Bundesstaaten durchsetzen. Außerdem wurden Wahlreformen erreicht, insbesondere die Direktwahl der Senatoren des Bundes, die vorher durch die Parlamente der Einzelstaaten entsandt worden waren.

An diesen politischen Bewegungen zur direktdemokratischen Verfassungsreform lässt sich ein Grundgedanke in geradezu klassischer Form ablesen. Angesichts der wirtschaftlichen und politischen Machtballungen zielten die Forderungen nach direkter Demokratie auf Machtbegrenzung und Machtkontrolle und damit auf ein urdemokratisches Prinzip. Darauf war auch die Ausgestaltung der direktdemokratischen Verfahren gerichtet, die über Wahlen hinaus die Rückbindung politischer Machtausübung an das Volk und kontrollierende Eingriffe der Bürgerschaft in den Gesetzgebungsprozess sicherstellen sollten.

3.4 Nachholende Demokratiegründungen in Europa

In europäischen Ländern sind zwei Perioden zu verzeichnen, in denen aufgeschobene oder abgebrochene Demokratiegründungen nachgeholt wurden: jeweils die Jahre nach den Weltkriegen. Diese Prozesse demokratischer Verfassungsgebung berücksichtigten verschiedenartige Demokratisierungsforderungen zumindest teilweise, so auch Formen der direkten Demokratie. Deutschlands Weimarer Verfassung von 1919 (auch die Länderverfassungen des Reiches) nahm zusammen mit der Volkswahl des Reichspräsidenten auch Volksbegehren und Volksentscheid auf (vgl. Kap. 7 auf Seite 73). Auch die Verfassung der Republik Österreich von 1920 sah ein Volksbegehren (unverbindlich, ohne Volksentscheid) vor, 1929 auch die Volksabstimmung als Gesetzesplebiszit. Dänemark hatte bereits 1915 das obligatorische Verfassungsreferendum eingeführt. Irland als unabhängige Republik statuierte 1922 das Recht auf Initiative und Referendum, was allerdings 1937 auf Verfassungsänderungen beschränkt wurde (zu Österreich, Dänemark, Irland vgl. Kap. 11 auf Seite 129). Nach den Diktaturen des Nationalsozialismus und des Faschismus und nach dem Zweiten Weltkrieg stellte sich das Problem diktatorischen Machtmissbrauchs und demokratischer Machtkontrolle auf einem neuen historischen Erfahrungshintergrund und in einer neuen Konstellation der Wiedergründung von Demokratien mit geringeren Impulsen für die direkte Demokratie. So wurden in Westdeutschland die traditionellen Weimarer Regelungen nur auf Länderebene aufgenommen, das Grundgesetz als Bundesverfassung stand unter dem Vorbehalt der Vorläufigkeit. Italien fügte eine Variante des Referendums in die Verfassung ein, die erst mit einem Ausführungsgesetz nach 1970 wirksam werden konnte. Wohl auf Grund des Kalten Krieges führte diese Phase der Re-Demokratisierung in Westeuropa nur zu einer geringen Ausweitung der direkten Demokratie. Antidiktatorische und antitotalitäre Sicherungsfunktionen wurden nun weit eher bei der repräsentativen Demokratie gesucht. Konzepte einer „wehrhaften Demokratie“ zielten auf ein kontrolliertes Spektrum der politischen Kräfte und schränkten auch die Spielräume für verschiedene politische Ausdrucks- und Beteiligungsformen ein. Die Schatten der Rechtsdiktaturen und die Konfrontation mit dem Sowjetkommunismus konvergierten so nach 1945 für Jahrzehnte mit dem Ergebnis, die direkte Demokratie als die eigentliche Quelle des demokratischen Verfassungsideals abzuschnüren. Schließlich kamen in der nachholenden Demokratisierung in Osteuropa nach 1989 mehr plebiszitäre als im engeren Sinne direktdemokratische Entscheidungsformen zum Zuge, jedoch insgesamt in einem überwiegend parteiendemokratisch geprägten Transformationsprozess.[2]

3.5 Theoretische Ausgangspunkte

Die Theorie der Demokratie hat viele Wurzeln und eine lange Geschichte seit der griechischen Antike. Dabei bezog sich der Demokratiebegriff,

2 Für die osteuropäischen Länder ist jedoch angesichts der gesamten politischen Systemtransformation und des Forschungsstandes eine angemessene Analyse in diesem Band nicht möglich.

etwa bei Aristoteles und der an ihn anschließenden Tradition, selbstverständlich auf die Praxis der direkten Demokratie, die daher gar nicht erst so genannt werden musste. Für die moderne Theorie war umgekehrt ein Realitätskontext bestimmend, der durch Legitimitätsansprüche repräsentativer Institutionen gegenüber monarchischem Absolutismus geprägt war. Die Theoretiker des 17. bis 19. Jahrhunderts, etwa Locke, Montesqieu oder später J. St. Mill, wollten eine Theorie der repräsentativen Regierung (representative government) begründen, sie zielten nicht auf den in der Theorietradition ohnehin negativ eingefärbten Begriff der Demokratie und erst recht nicht auf eine Demokratietheorie. Nur Rousseau fällt hier aus dem Rahmen.

Über direkte Demokratie kann man theoriegeschichtlich nicht reden, ohne auf *Jean-Jacques Rousseau* zurückzugreifen. Er selbst hat allerdings den Begriff der direkten Demokratie gar nicht explizit verwendet, ganz im Sinne des tradierten Verständnisses. Rousseaus Grundbegriff ist die Volkssouveränität, die er in seinen Werken vertragstheoretisch begründet hat *(Gesellschaftsvertrag, 1762)*: politische Herrschaft ist mit den Grundprinzipien von Freiheit und Gleichheit nur vereinbar, wenn sie aus diesen Prinzipien selbst hergeleitet wird, also in Theorie und Praxis aus Freiheit und Gleichheit aller entspringt. Die Souveränität darf daher nicht an Repräsentanten abgegeben werden, sondern muss beim Volk selbst verbleiben.

In Rousseaus Theoriegebäude sind jedoch zwei Ebenen zu unterscheiden: die Begründung und Errichtung der *Republik*, und die Wahl und Ausgestaltung der *Regierungsform*. Die Republik ist das Gemeinwesen, das aus der Volkssouveränität hervorgeht und in dem die Volkssouveränität wirklich wird. Sie kann nach vertragstheoretischen Prämissen nur auf der Basis von Einstimmigkeit legitim errichtet werden. Ihre Aufgabe ist die Gesetzgebung, also die Setzung relativ allgemeiner Regeln, die dem Gemeinwohl (volonté generale) entsprechen. Auf der zweiten Ebene geht es um die Regierungsform mit den aus der Theorietradition geläufigen Alternativen Monarchie, Aristokratie oder Demokratie (und ihren jeweiligen Verfallsformen). Die Regierung ist für die Ausführung der Gesetze zuständig, und in diesem Sinne sieht Rousseau auch in der Demokratie (unter Mitwirkung aller) eine mögliche Form der Exekutive. Er diskutiert die Auswahl der Regierungsform recht pragmatisch und nennt selbst eine Reihe von Gründen dafür, warum die Demokratie für eine Republik zwar am besten geeignet ist, aber doch nicht unter allen Umständen zwingend die einzig mögliche Regierungsform sein muss.

Diese Relativierung der Demokratie bei Rousseau mag etwas irritieren, doch sie bezieht sich in seiner Begrifflichkeit nur auf die Regierungsform, die nach praktischen Zweckmäßigkeiten gewählt werden kann. Der Kern der Volkssouveränität konzentriert sich jedoch in der *Republik*, deren Grundprinzipien und deren Gesetzgebung die Regierung stets untergeordnet ist, sei sie nun monarchisch, aristokratisch oder demokratisch. Es sind diese Grundlagen der republikanischen Volkssouveränität, die nach Rousseau niemals durch Strukturen der Repräsentation dem Volk entfremdet werden sollten. Die Gesetzgeber müssen als republikanische Gemeinschaft mit sich selbst als Adressaten ihrer Gesetzgebung identisch sein; insofern spricht man auch von Rousseaus „identitärer Demokratie". In seiner Theorie wäre somit Direkte Demokratie im heutigen Sinne in der republikanischen Volkssouveränität verankert. Sie wäre allerdings nicht nur auf die „verfassungsgebende Gewalt des Volkes" beschränkt, auch nicht nur auf die Errichtung von Institutionen, sondern umfasst grundlegende Gesetzesmaterien und wiederkehrende Gesetzgebungsprozesse dieser Art. Wie bei diesem Gebrauch der Volkssouveränität verfahren werden soll, hat Rousseau allerdings nicht allzu detailliert ausgearbeitet.

Eine vergleichbar prominente Theorieposition zur direkten Demokratie als „Republik" im Sinne Rousseaus ist im 19. Jahrhundert nicht weiterentwickelt worden. Die Theorien von Marx und Engels und die Konzepte einer „Rätedemokratie" propagierten zwar ebenfalls demokratische Direktheit, zielen jedoch in ihrer Hauptstoßrichtung auf die (Wieder-) Verschränkung der getrennten Sphären von Ökonomie und Politik im Sinne einer sozialistischen Produzentengemeinschaft. Hinter dieser wirtschaftlichen Emanzipationsstrategie trat das Demokratieproblem zurück. Auf der anderen Seite verschob sich in den Repräsentativsystemen die Konfliktfront zur Wahlrechtsfrage: gegenüber der Parlamentsrepräsentation mit bürgerlich-liberal beschränktem Wahlrecht rückte der Kampf um das allgemeine Wahlrecht an die Spitze der Forderungen nach Demokratie, die so noch enger an den Repräsentationsgedanken gebunden wurde. Diese Fixierung auf demokratische Repräsentation durch allgemeines Wahlrecht trat am ehesten in solchen Ländern zurück, in denen das allgemeine Wahlrecht frühzeitig erreicht worden war, nämlich in den USA und in der Schweiz im ersten Drittel des 19. Jahrhunderts. Deshalb erscheint es nicht zufällig, dass in diesen Ländern praktische Entwicklungen zur direkten Demokratie zustande kamen, die von einer Vielfalt kontroverser Diskussionen zu ihrer Ausgestaltung begleitet wurden.

An die Grundgedanken Rousseaus erinnert eine Theorietradition, die ebenfalls in den USA und der Schweiz, mit anderen Akzenten in Frankreich stark ausgeprägt ist: der Republikanismus. Während repräsentative Demokratien im heutigen Sinne durch Säkularisierung, fortschreitende Rechtsstaatlichkeit und Verallgemeinerung des Wahlrechts aus einem Prozess allmählicher (liberaler, konstitutioneller) *Beschränkung* übergeordneter Herrschaft hervorgegangen sind, erinnert der Republikanismus an die ursprüngliche, säkulare *Gründung* einer nur aus der Volkssouveränität legitimierten Republik, die ihre grundlegenden Gesetze (Verfassungsgesetze) im Ganzen selbst entwickeln und begründen muss. Die Verfassungsdebatten der französischen Revolution und des Verfassungskonvents der unabhängig gewordenen USA spiegeln – bei aller sonstigen Verschiedenartigkeit – dieses Klima des politischen Gründungsakts. Im Mittelpunkt steht hier nicht die Begrenzung einer „fremden" Herrschaft, sondern die Erzeugung einer „eigenen Macht" der republikanischen Gemeinschaft, in der die Mitglieder neben dem Erwerb von Kontroll- und Abwehrrechten auch gegenseitige Verpflichtungen für das „Gemeinwohl" eingehen. In der direkten Demokratie scheint dieses Moment des ursprünglichen Gründungsakts immer wieder auf. An diesen republikanischen Hintergrund erinnert in jüngerer Zeit das Konzept einer „starken Demokratie", das *Benjamin Barber* (Strong Democracy 1984, dt. 1994) entwickelt hat. Über die Forderungen der partizipatorischen Demokratietheorie hinaus geht es ihm nicht zuletzt darum, die Kraftquellen einer Demokratie in republikanischer Tradition wieder zu erschließen, also Betätigungsformen zu öffnen, in denen auch die Interessen an dem politischen Gesamtprojekt wachsen, substanzielle Arbeitsfelder für Beteiligung entstehen und gegenseitige Verpflichtungen sich entwickeln können. Staatsbürgerliche Beteiligung und politische Gemeinschaftsbildung werden in einer dynamischen Verschränkung entworfen. Dazu gehört natürlich auch die Institution der direkten Demokratie.

Ein Rückbezug auf Rousseau kann heute nur an seine Grundidee anknüpfen, nicht an jedes Einzelargument oder Ausgestaltungselement. Verschiedentlich erhobene Einwände wegen „totalitärer" Tendenzen, die sich auf ein „absolutes" Verständnis von Volkssouveränität und Gemeinwillen beziehen, können diesen demokratischen Kerngedanken nicht treffen (diese Tendenzen wurden ohnehin übertrieben durch falsche Inanspruchnahmen während der Französischen Revolution oder im frühen 20. Jahrhundert durch Rechtsideologen wie Carl Schmitt). Denn heute kommt keine moderne Demokratie und keine moderne Demokratietheorie an dem von Rousseau formulierten Grundsatz vorbei, dass die Errichtung einer Demokratie nur als ursprünglicher Gründungsakt des Volkes gedacht werden kann. Mit der Grundnorm „Alle Staatsgewalt geht vom Volke aus“ steht auch das deutsche Grundgesetz (Art. 20 Abs. 2) auf diesem Boden, wie viele andere westliche Verfassungen. Solche Volkssouveränität fußt ihrerseits (wie bei Rousseau) auf den Prinzipien von Freiheit und Gleichheit und kann ohne deren Garantie nicht bestehen. Diese Grundprinzipien der Demokratie begrenzen zugleich die legitime politische Herrschaft im Sinne konstitutioneller Selbstbindung, so dass eine absolutistische oder gar totalitäre Volkssouveränität, die ihre eigenen Wertgrundlagen aufheben würde, ein Widerspruch in sich selbst wäre. Dem entsprechen zum einen die persönlichen Freiheitsrechte und politischen Beteiligungsgrundrechte, zum anderen die mit der Entfaltung des modernen Verfassungsstaates verbundenen Grundsätze der Gewaltenteilung von Legislative, Exekutive und Rechtsprechung. Nicht nur Montesquieu, sondern auch Rousseau hielt Gewaltenteilung für geboten und wollte deshalb Gesetzgebungsfunktion und (exekutive) Regierungsfunktion institutionell möglichst getrennt wissen. Direkte Demokratie war in dieser Tradition ebenso wie in allen wesentlichen praktischen Ausprägungen stets auf Gesetzgebung konzentriert. Wie alle demokratische Volkssouveränität unterliegt auch die Ausübung direktdemokratischer Gesetzgebung den Schranken, die mehrheitsdemokratischen Entscheidungen durch die Garantie von Individualrechten der Freiheit und Gleichheit und durch den Schutz von Minderheiten gezogen sind. Die Ausgestaltung der Institution und der Verfahren direkter Demokratie muss diese Grundsätze einlösen.

Leseempfehlungen

BARBER, Benjamin: *Starke Demokratie. Über die Teilhabe am Politischen.* Hamburg : Rotbuch Verlag, 1994

BUTLER, David / RANNEY, Austin (Hrsg.): *Referendums around the World. The Growing Use of Direct Democracy.* Washington D.C. : AEI Press, 1994

MÖCKLI, Silvano: *Direkte Demokratie. Ein Vergleich der Einrichtungen und Verfahren in der Schweiz und Kalifornien, unter Berücksichtigung von Frankreich, Italien, Dänemark, Irland, Österreich, Liechtenstein und Australien.* Bern, Stuttgart, Wien : Haupt, 1994 (Sankt Gallener Studien zur Politikwissenschaft 16)

ROUSSEAU, Jean-Jacques: *Der Gesellschaftsvertrag.* (div. deutsche Ausgaben), 1762

Weitere Literatur

FETSCHER, Iring: *Rousseau's politische Philosophie.* 3. Aufl. Frankfurt a. M. : Suhrkamp, 1975

SCHMIDT, Manfred G.: *Demokratietheorien.* 3. Aufl. Opladen : UTB; Leske+Budrich, 2000

4. Institutionenprofil

Direkte Demokratie ist offenbar in der Geschichte zahlreicher Länder in sehr unterschiedlichen Gestalten anzutreffen, verschiedenartig nach Entstehungshintergrund, nach Verfahrensmustern und nach politischen Funktionen. Ungeachtet all dieser Unterschiede gibt es eine grundsätzliche Kontroverse über den Wert der direkten Demokratie, also über ihre demokratietheoretische Begründung, ihre Wünschbarkeit, Möglichkeit und ihre institutionelle Leistungsfähigkeit. Eine Reihe von Argumenten pro und contra direkte Demokratie liegen auf der Hand und werden in jeder Diskussion genannt (vgl. Tab. 4.1 auf der nächsten Seite). Diese Argumente sollen hier noch nicht im Detail diskutiert werden. Zunächst wird vielmehr ein allgemeinerer Rahmen entwickelt, in dem die verschiedenen Problemkomplexe analysiert und die kontroversen Sichtweisen besser beurteilt werden können.

Zuerst müssen allgemeine Eigenschaften direkter Demokratie definiert werden, sofern sich aus der Vielfalt der Erscheinungen generelle Merkmale destillieren lassen. Solche Grundelemente stellen noch keine Theorie bereit, bieten aber Ausgangspunkte für die weitere Theoriebildung. Dabei gehen wir zweckmäßigerweise nicht davon aus, direkte Demokratie stelle einen völlig eigenständigen, umfassenden Demokratietypus dar, der als Gesamtmodell etwa der repräsentativen Demokratie entgegenzusetzen wäre. Das Verhältnis zur Repräsentativdemokratie wird später noch genauer zu fassen sein. Es reicht aus, direkte Demokratie als eine politische *Institution* zu verstehen, die in einem größeren Systemzusammenhang von Institutionen verankert ist und praktiziert werden kann. Folgende Fragen drängen sich auf:

- Wie ist diese Institution abgegrenzt, welche Basismerkmale weist sie auf?

- Welche spezifischen Prozesseigenschaften können ihr zugerechnet werden, und wie unterscheidet sie sich somit von anderen Institutionen?
- Wie ist sie mit anderen Institutionen im Prozess verschränkt?
- Was trägt sie zum Gesamtprozess des politischen Systems bei (Funktionen, Struktureffekte)?

Tabelle 4.1: Standardargumente zur Direkten Demokratie

Pro	Kontra
– „Alle Staatsgewalt geht vom Volk aus" – Bürger sind die Quelle politischer Legitimation – Partizipation der Bürger ist für die Demokratie unverzichtbar – Betroffene sollten über Maßnahmen mitentscheiden können – Regierungen und Mandatsträger neigen zu Verselbständigung, Machtmissbrauch und Abhängigkeit von starken Interessengruppen: Kontrolle der Repräsentanten durch Wahlen reicht nicht aus – Volksinitiativen beleben die Debatte – Bürgerentscheide ermöglichen Innovationen	– Bürgern fehlt die Kompetenz für Entscheidungen, sie sind überfordert – Eine Versammlung und Beratung aller Bürger ist nicht möglich – Entscheidungen dauern zu lange – Die Entscheidung der Bürger kann durch mächtige Interessengruppen, Medien und Demagogen missbraucht werden – Interessengruppen mobilisieren nur für ihre eigenen Zwecke – Minderheiten können gegen die Mehrheit nicht geschützt werden – Notwendige, aber unpopuläre Entscheidungen werden blockiert – Bürgerentscheide sind konservativ

Ausführlicher bei Möckli 1994, Jung und Knemeyer 2001, Schaal und Habermann 1999, Schmidt 2000 u. a.

Wir suchen also nach einem *Institutionenprofil* der direkten Demokratie, genauer: der direktdemokratischen Verfahren. Einer Theorie dieser Institution kommen wir näher, wenn möglichst viele damit verbundene Phänomene, also Prozessmechanismen und Ergebniseigenschaften, Strukturbedingungen und Wirkungsmechanismen, mit hohem Verallgemeinerungsanspruch erklärt und vorausgesagt werden können. Ein Beitrag zur *normativen* Demokratietheorie ergibt sich dann, wenn diese Eigenschaften der Institution nach begründeten Wertmaßstäben beurteilt werden können. Dafür lassen sich eingeführte Prinzipien und Qualitätsmaßstäbe aus der vorhandenen Demokratietheorie heranziehen.

4.1 Institutionelle Basismerkmale

Wie eingangs festgelegt, geht es bei direkter Demokratie unter modernen Bedingungen um Volksabstimmungen zu Sachfragen, und zwar grundsätzlich um solche mit Entscheidungscharakter. Die Grundtypen und wichtige Ausprägungen solcher Abstimmungsverfahren wurden oben schon skizziert. In diesen Verfahrensordnungen sind zwar bereits wichtige Merkmale angesprochen, doch für eine theoretische Entwicklung des Institutionenprofils sind einige Charakteristika schärfer herauszuarbeiten. Im Kern handelt sich um drei Basismerkmale:

(1) Stimmbürger, Stimmbürgerarena

Mit den Initiativ- und Entscheidungsrechten der Stimmbürger verlagert sich die Entscheidungsbefugnis von den herkömmlichen institutionellen Entscheidungsträgern, insbesondere parlamentarischen Mandatsträgern (und den sie tragenden Parteien), in die *Stimmbürgerarena*, und die Bürger entscheiden insoweit nicht mehr als Wähler über Mandatsbewerber (Parteien), sondern über einen Sachgegenstand selbst. Somit entsteht ein modifizierter Handlungsraum, in dem die Entscheidungsverantwortung bei den Stimmbürgern als Entscheidungsträgern (Entscheidungsorgan) liegt. Damit eröffnen sich einerseits wesentlich veränderte Möglichkeiten der politischen Beteiligung im Sinne der partizipatorischen Demokratietheorie. Zugleich werden die Stimmbürger – angesichts des offenen Entscheidungsausgangs – auch zu Adressaten der im politischen System wirksamen Macht- und Einflussstrukturen. Dieser Handlungsraum der Stimmbürgerarena wird durch die Verfahrensregeln vorstrukturiert, aber damit noch keineswegs vollständig determiniert. Die Stimmbürgerinnen/Stimmbürger bringen ihre politischen Orientierungs- und Verhaltensmuster ein, entwickeln möglicherweise auch neue. Wichtig sind in jedem Fall Beteiligungsmotivation und –interesse, Teilnahmeressourcen (Zeit, Geld, Status), Teilnahmekompetenz (Bürgerkompetenz) und Entscheidungsorientierung (Betroffenheit, Interessen, Gemeinwohlorientierung, Bürgertugend). Weiterhin werden vorhandene komplexe Akteursstrukturen (Staatsorgane, politische Organisationen, Medien usw.) nunmehr auch in der Stimmbürgerarena wirksam.

(2) Themenzentrierung

Dieses zweite Basismerkmal direktdemokratischer (Sach-)Entscheidungen bedeutet, dass die sachlichen Entscheidungsgegenstände in den Vordergrund des Prozesses der Meinungs- und Willensbildung rücken. Während es bei Wahlen um Mandatsbewerber bzw. Parteien mit ihren allgemeinen Programmprofilen, Kompetenzansprüchen, Entscheidungsabsichten, also um Erteilung von Entscheidungsbefugnis und Vertrauensvorschuss geht, ist hier über die Eignung und sonstige Beurteilung politischer Maßnahmen zu entscheiden. Das Merkmal Themenzentrierung wird oft für selbstverständlich gehalten und gar nicht erwähnt, oder nur mit Verweis auf den punktuellen Charakter der Themen, auf die Förderung von inkohärenten Einzelentscheidungen u. Ä. angesprochen, im Ergebnis jedenfalls für die Theoriebildung unterschätzt. Die inhaltlich-qualitativen Entscheidungsaspekte, also Informationsprozesse, moralische Bewertung, Kommunikation und Argumentation, Kompetenz und Lernprozesse dürfen theoretisch keineswegs vernachlässigt werden. Sie sind von der Themenwahl über den Diskussionsverlauf bis zu Inhalt, Qualität und Effektivität der politischen Ergebnisse von wesentlicher Bedeutung. Daher werden die Analyseansätze zur politischen Kommunikation ebenso relevant wie die Theorieperspektiven zur deliberativen Demokratie.

(3) Ergänzungsstatus im politischen System

Direkte Demokratie bildet kein vollständiges und unabhängiges Alternativsystem zum jeweiligen repräsentativen Politiksystem eines Landes. Vielmehr handelt es sich stets um einen begrenzten Institutionenbereich von Entscheidungsverfahren, der in den Gesamtrahmen des politischen Systems eingebettet ist und diese Systemstrukturen ergänzt. Wenn den direktdemokratischen Verfahren ein starkes Gewicht zukommt, können Sie für das Gesamtsystem auch als bedeutsamer Prägefaktor wirken. Aber selbst in der Schweiz, wo dies am ehesten zutrifft, bleibt die Parlamentsrepräsentation die dominante Struktur. Auch im antiken Athen gab es keine Ausschließlichkeit der Volksversammlung, sondern den Versuch eines institutionellen Gleichgewichtes zwischen dem Rat der Fünfhundert (Tagesordnung, Entscheidungsvorbereitung) und der Volksversammlung als

Diskussions- und Entscheidungsgremium. In den politischen Systemen der Gegenwart findet sich direkte Demokratie recht selten in einem *starken* Ergänzungsstatus (Schweiz), häufiger mit *schwachem Ergänzungsstatus*. Die weitere Analyse dieser Ergänzungsbeziehung muss zeigen, welche Querverbindungen die direkte Demokratie mit anderen Institutionen im Gesamtsystem eingeht, wie sie deren Funktionsweise beeinflusst, und wieweit dabei Spannungen positiver und negativer Art entstehen.

4.2 Direkte Demokratie als Prozess

Diese drei institutionellen Basismerkmale in ihren jeweiligen Ausprägungen bestimmen die spezifischen Strukturen und Verlaufsmuster der direktdemokratisch verfassten Entscheidungsprozesse. Sie bilden den Ausgangspunkt der Theoriebildung für eine systematische wie empirische Analyse. Die gesellschaftliche Ordnung und das politische System sind als Gesamtrahmen einzubeziehen, denn direkte Demokratie findet nicht auf der grünen Wiese statt, und auch ihre Akteure entsprechen weitgehend der „Normalstruktur". Doch im politischen Prozess gelten modifizierte Regeln, die möglicherweise auch die Politikergebnisse verändern. Solche Besonderheiten sind in drei Bereichen zu suchen: in der formellen Verfahrensbeteiligung, in der öffentlichen Abstimmungsdebatte und schließlich in den Wirkungsmechanismen der Systemeinbettung.

(1) Verfahrensregeln und Verfahrensbeteiligung

Die Verfahrensordnungen legen die Grenzen der Themenwahl fest, regeln formelle (Zulassungs-)Anforderungen, definieren Auslöserechte (insbesondere Antragsquoren), schreiben Interaktionsschritte mit anderen Institutionen (bes. Parlament) vor, und setzen schließlich die Entscheidungsregeln (einfache Mehrheit, zusätzliche Quoren); hinzu kommen Kontroll- und Beschwerdeinstanzen (Gerichte) usw. Die oben genannten und weitere zu diskutierende Ordnungsbeispiele zeigen ein breites Spektrum von offenen und restriktiven Verfahrenstypen, durchaus vergleichbar den verschiedenen Wahlsystemen (z. B. Mehrheits- oder Verhältniswahl usw.).

Ausgefüllt wird dieser Rahmen durch Verfahrensaktivitäten verschiedener Akteursarten:

- Initiativakteure (Gruppe) wählen ein Thema, erarbeiten eine Vorlage und organisieren die Auslöseschritte;
- Stimmbürger unterstützen die Initiative (Unterschriften) und votieren beim Volksentscheid (Abstimmungsbeteiligung).
- Andere Institutionen (ggf. Parlamente) reagieren auf das „Begehren" in der Verfahrensinteraktion (Zulassung, Übernahme/Ablehnung, evtl. Konkurrenzvorlage u.Ä.).

Tabelle 4.2: Prozesselemente

Basismerkmale	*Prozesselemente*
Stimmbürgerarena	Verfahrensordnung Beteiligungsmuster
Themenzentrierung	Öffentliche Abstimmungsdebatte Kommunikations- und Akteursstrukturen
Systemeinbettung	Politischer Systemtypus Verfahrensinteraktion Strukturwirkungen und Funktionen der Direktdemokratie im politischen System

Als *Initiativakteure* treten bei Auslösung von unten zum Teil Oppositionsparteien auf, ebenso Interessenverbände, auch weniger etablierter Art, sowie weitere zivilgesellschaftliche Gruppen und Personenbündnisse, möglicherweise auch einzelne „politische Unternehmer" – jeweils nach Problem- und Kräftekonstellationen.

Verfahrensnutzung und Beteiligungsverhalten sind offenkundig stark vom Thema abhängig und deshalb nur schwer zu verallgemeinern. Dass die Verfahrenstypen selbst die Beteiligung beeinflussen, liegt auf der Hand: offene Verfahren mit niedrigen Hürden sind zweifellos beteiligungsfreundlicher als restriktive Verfahren mit frustrierenden Barrieren. Die Initiatoren werden ihren Ressourceneinsatz an Mobilisierungspotential und Erfolgsschwellen ausrichten.

Insgesamt schlagen sich im *Beteiligungsverhalten* auf den verschiedenen Verfahrensstufen sicher komplexe Motivlagen organisierender oder abstimmender Bürger nieder. Sie ergeben sich nicht immer schon aus einfachen themenbezogenen Nutzenkalkülen. Bei der Abstimmungsbeteiligung werden auch, analog zur Wahlbeteiligung, Partei- und Organisationsbindungen, Beteiligungsnormen und andere politisch-kulturelle Orientierungen (politisches Interesse, Informiertheit, Kompetenzgefühl, angenommene Einflussfähigkeit usw.) eine wichtige Rolle spielen. Auch in der Stimmbürgerarena werden somit allgemeinere Beteiligungsmuster konventioneller wie unkonventioneller Art wirksam, verbunden mit den dahinter stehenden strukturellen Prägungen (vgl. Diskussion bei Möckli 1994, S. 184ff). Doch werden sich diese Muster nicht identisch reproduzieren, sondern modifiziert durch die Chancen, die das individuelle Entscheidungsrecht jedes Stimmbürgers in dieser Arena themenbezogen bietet.

Im gesamten Verfahrensablauf lassen sich Verfahrensstufen als politische Prozessstufen abgrenzen. Wir fassen drei Hauptphasen zusammen, denen Elemente von ausdifferenzierteren Phasenmodellen (z. B. Möckli) zugeordnet werden:

- Die *Vorbereitungsphase* erstreckt sich von der Initiierung bis zum gültigen Zustandekommen eines Volksbegehrens (einer Initiative) und der Reaktion des Parlaments und schließt erforderliche Unterschriftensammlungen und Rechtsprüfungen als „Qualifizierung" ein. Die Initiatoren als Hauptakteure zielen darauf, in Interaktion mit Bürgern einerseits und Staatsorganen andererseits ihr Thema auf der politischen Tagesordnung (Agenda) zu platzieren.
- Die *öffentliche Abstimmungsdebatte* bearbeitet das nun etablierte Thema als Entscheidungsgegenstand in einer auf die Abstimmung ausgerichteten Akteursstruktur und schließt Phasen der Meinungsbildung und der Entscheidung ein.
- In der *Umsetzungsphase* reagieren Staatsorgane und politische Akteure auf den Entscheid, prüfen ggf. die Gültigkeit, treffen Umsetzungsentscheidungen oder nehmen im weiteren Prozess Ergebnismodifikationen vor.

In diesen drei Hauptphasen finden sich verschieden ausgeprägte Ziel- und Handlungshorizonte und Akteursmuster, allerdings im Rahmen des Gesamtprozesses und auch mit gewissen Überschneidungen.

(2) Themenzentrierung und öffentliche Abstimmungsdebatte

Einen wesentlichen Bestandteil des direktdemokratischen Entscheidungsprozesses bildet die öffentliche Abstimmungsdebatte, der öffentliche Meinungskampf zur Entscheidungsvorbereitung. Es handelt sich um einen informellen Prozess mit nur rudimentären Regeln (z. B. über die Art offizieller Information über das Entscheidungsthema). Öffentliche Debatten über politische Themen („issues") gibt es sicherlich auch im Rahmen von Wahlkämpfen und als öffentliche Begleitdiskussion bei parlamentarischen Entscheidungsprozessen. Ob und welche Themen hierbei breiter in die Öffentlichkeit kommen, hängt allerdings stark von Zufällen, Interessen und Strategien ab. Bei Volksabstimmungen hingegen findet eine solche öffentliche Debatte mit Sicherheit immer statt.

Diese Debatten sind themenzentriert, was die Verortung des Themas in komplexen Zusammenhängen und die Diskussion von damit verbundenen Machtfragen einschließt (natürlich können sie auch ausfransen). Damit stehen inhaltlich-qualitative Entscheidungsaspekte im Vordergrund, also Wissen, Bewertungsmuster, Interessen, Machbarkeit, Kosten, Entscheidungsfolgen usw. Entscheidungsverantwortung, auch die der Stimmbürger, erfordert Kompetenz, die von Gegnern der Institution Direkte Demokratie oft bestritten wird. Auch wenn ein vorgängiger Informationsstand gering ist, hängt es von der Lernbereitschaft und Lernfähigkeit der Stimmbürger während der öffentlichen Debatte ab, ob und wie sie entscheidungsfähig werden. Die in der Regel kontrovers geführte Abstimmungsdebatte bietet in den Kommunikationsbeiträgen der verschiedensten Akteure sicher ein umfangreiches Informations- und Bewertungsangebot für die Meinungsbildung. Allerdings werden sich sachliche Überzeugungsargumente auch mit Manipulationstechniken mischen.

Der Verlauf der öffentlichen Debatte wird wesentlich durch die *Teilnehmerstruktur* beeinflusst. Dazu gehören allemal die Standardakteure des politischen Systems: Regierungsvertreter, Parlamentarier und Parteien, Interessenverbände, Experten usw. Die Medien spielen für die öffentliche Vermittlung eine besondere Rolle, können aber auch selbst mit einer Meinungspositionen eingreifen. Die Initiativakteure werden besonders aktiv für ihre Sache auftreten. Sind dies etablierte Organisationen, verschieben sich vielleicht nur die Aktivitätsgewichte. Die Teilnehmerstruktur kann sich auch um neue Gruppen (oder Personen) erweitern, wobei je nach Konfliktdynamik des Themas auch Stimmbürger neu für organisierte Gruppenaktivität mobilisiert werden. Bei diesen Debattenteilnehmern kann man gewisse Organisationskapazitäten und Zugangschancen zur öffentlichen Kommunikation voraussetzen. Sie wollen die Bürger zumindest über Informationsmittel und Medien erreichen, werden aber auch einige kommunikative Beteiligungsmöglichkeiten bereitstellen, insbesondere Veranstaltungen, Leserbriefseiten u. Ä. Für die Stimmbürger stellt sich damit auch die Frage der Debattenbeteiligung durch Nutzung der Kommunikationsangebote und Wahrnehmung aktiver Diskussionsgelegenheiten. Hier werden Häufigkeit und Intensität der Teilnahme wesentlich niedriger liegen als bei der formellen Verfahrensbeteiligung (Unterschriften, Abstimmung). Thema, Debattenklima, Intensität der Kontroverse usw. können jedoch durchaus zu relevanten Größenordnungen führen.

Für Struktur und Dynamik von Abstimmungsdebatten gibt es einige fast klischeehafte Negativannahmen: geringer Informationsstand und geringe Kompetenz der Stimmbürger, Anfälligkeit für Demagogie oder zumindest Emotionalisierung, sowie Durchschlagskraft von Parteikampagnen und der Finanzkraft großer Interessenverbände bzw. Unternehmen. Doch selbst wenn die Informationsangebote die Bürger nur zu einem Teil erreichen, kann insgesamt kein Zweifel bestehen, dass die öffentliche Abstimmungsdebatte ein großes Kommunikationspotential bereitstellt, und zwar in wesentlich größerem Umfang, als es für die Stimmbürger üblicherweise verfügbar wäre. Damit entsteht zumindest eine Grundlage für die notwendige Entscheidungstransparenz (vgl. Kap. 12).

(3) Systemeinbettung

Ein direktdemokratischer Prozess vollzieht sich im Rahmen der Verfahrensregeln in der Stimmbürgerarena, insbesondere als themenzentrierte Beteiligung und Abstimmungsdebatte. Doch direkte Demokratie ist kein isolierter Faktor, sondern eingebettet in die Gesamtstruktur eines politischen Systems. Die Funktionsweise und die Wirkungen direkter Demokratie können nur in diesem Gesamtrahmen verstanden werden. Man kann vor allem drei Verflechtungsebenen unterscheiden: (a) die Grundstrukturen des politischen Systems als Rahmen für Chancen/Behinderungen direktdemokratischer Prozesse, (b) die im Verfahren statuierten Interaktionen mit anderen Institutionen; und (c) die Wirkungen/Rückwirkungen, die von der direkten Demokratie auf die übrigen Institutionen und damit das Gesamtsystem ausgehen. Hierzu kurze Erläuterungen und in der Literatur vertretene Thesen.

(a) Die *Grundstrukturen des politischen Systems* stecken Bedingungen, Chancen und Bedarf direktdemokratischer Vorgehensweisen ab. Dazu gehören vor allem:

- die Verfassungsstruktur der Institutionen (Regierungssystem, Föderalismus, Verfassungsgericht u. Ä.),
- die Struktur der politischen Kräfte, besonders das Parteiensystem,
- das gesellschaftliche Wertesystem und die politische Kultur.

Hier kann man bekannte Grundtypen politischer Ordnungen heranziehen, die wir für unseren Zweck ohne weiteres auf Demokratietypen einschränken können. Die wichtigsten Unterscheidungen (Lijphart, Jung 2001) sind die zwischen *parlamentarischen Regierungssystemen* und *Präsidialsystemen* und die zwischen *mehrheitsdemokratischen Konkurrenzsystemen* und *Konkordanzdemokratien* (für weitere Ausdifferenzierungen und Kombinationen vgl. Jung 2001). In der Grundtendenz kann man sagen, dass in parlamentarischen Regierungssystemen die Stabilität der Regierungsmehrheit als Maßstab dominiert und daher Spielräume für direkte Demokratie eher restriktiv gehandhabt werden. In Präsidialdemokratien vom Typus der USA können Möglichkeiten für direktdemokratische Formen der Gesetzgebung hingegen offener gestaltet werden. Es hängt allerdings stark von historisch kontingenten Faktoren ab, ob dies auch in der verfassungsgebenden Institutionenbildung durchschlagend war. Kommen Föderalismus und eine starke Verfassungsgerichtsbarkeit hinzu, werden wohl bei beiden Grundtypen die Chancen für direkte Demokratie auf der Ebene des Bundesstaates geringer (nicht notwendig auf der Ebene der Gliedstaaten).

Auch beim zweiten Paar von Demokratietypen ergeben sich unterschiedliche Akzente für direktdemokratische Institutionen. Vieles spricht dafür, dass sie beim Typus der mehrheitsdemokratischen Parteienkonkurrenz weniger in Anspruch genommen werden, sofern es hinreichend oft zu einem parlamentarischen Mehrheitswechsel kommt und damit auch Anliegen von Opposition und Minderheiten eine Realisierungschance haben. Kommt es jedoch zu „eingefrorenen Mehrheiten" über lange Zeit, kann direkte Demokratie als Möglichkeit politischer Mitwirkung wichtiger werden, zumindest als Forderung nach einer institutionellen Öffnung. In Konkordanzdemokratien mit Proporzregierungen und starkem Konsensstreben gibt es wohl ambivalente Bedingungen, weil einerseits verhandlungsdemokratische Muster in Regierung und Parlamentsarbeit elitär abgeschirmt werden, andererseits die Konsensnorm auch die Einbeziehung von Minderheitsanliegen erfordert.

Im Rahmen dieser Grundtypen wird in jedem Fall bedeutsam sein, wieweit das jeweilige Parteiensystem die sozialen Strukturen, Interessen und Konfliktlagen repräsentiert. Strukturelle Verengungen werden verschiedenste Ausdrucksformen hervorrufen, seien es Organisationsbildung, Protest oder auch Volksinitiativen. Besonders in Gesellschaften mit ausgeprägten Konfliktstrukturen sozio-ökonomischer oder kultureller Art wird neben parteipolitischer Polarisierung und regionalen Autonomieansprüchen auch direktdemokratisches Repertoire zum Forderungs- oder Aktionsbestand von Minderheiten gehören.

(b) *Verfahrensinteraktionen* mit anderen politischen Organen (Institutionen) sind häufig vorgesehen, wobei viele Unterschiede zwischen Ländern, der politische Systemhintergrund, Verfahrenstypen usw. beachtet werden müssen. Betrachtet man den Basisfall einer Initiative von unten, geht es zunächst um die *Prüfung von Zulässigkeitsanträgen*. Dafür kann eine Exekutivinstanz oder Verwaltungsbehörde (Regierung, Kommunalaufsicht), das jeweilige Parlament (in deutschen Kommunen oft der Gemeinderat) oder auch ein Gericht (in Bayern oder Italien: Verfassungsgericht) zuständig sein. Eine zweite Interaktion betrifft die *parlamentarische Befassung* mit dem Sachvorschlag selbst, die zur Ablehnung oder der ganzen oder teilweisen Annahme führen kann. Soweit nach parlamentarischer Ablehnung ein Volksentscheid ansteht, haben Parlamente zum Teil die Möglichkeit, eine *Alternativvorlage* (Konkurrenzvorlage) mit zur Abstimmung zu stellen. Damit werden eine Parlamentsmehrheit, die sie tragenden Parteien und die von ihnen gestützte Regierung selbst zum integralen Akteur des Entscheidungsverfahrens. Nach dem Entscheid kann es noch zur Überprüfung der Verfassungsmäßigkeit durch ein *Verfassungsgericht* kommen, soweit diese Rechtskontrolle nicht bereits früher erfolgt ist. Insgesamt werden diese förmlichen Verfahrensinteraktionen, in welcher Ausprägung auch immer, den direktdemokratischen Entscheidungsprozess stark beeinflussen und ihn damit auch (weithin) in den politischen Gesamtprozess des Systems integrieren.

(c) Die *Wirkungen (Rückwirkungen) direkter Demokratie auf das politische Gesamtsystem* bilden eine dritte Fragestellung der Systemeinbettung. Hier wird vor allem diskutiert, wieweit die Institutionen der repräsentativen Demokratie entlastet, unter Konkurrenzdruck gesetzt oder geschwächt werden.

Eine verbreitete These geht dahin, Parteien und Parlamente würden eine Schwächung erfahren, weil sie sich öfters gegen den direktdemokratischen Entscheidungsweg nicht durchsetzen können und so einen Teil ihrer Funktionen verlieren. Gerade Oppositionsparteien würden so dazu verleitet, diese Instrumente zu missbrauchen. Auf der anderen Seite würden mächtige Interessenverbände gestärkt, weil sie durch ihre Organisations- und Finanzkraft auch Strategien der direkten Demokratie einsetzen könnten. Im Konkurrenzverhältnis zu parlamentarischen Parteien stärkt direkte Demokratie außerparlamentarische Organisationen. Ebenso kann sie neue Parteien fördern. Denkbar ist aber auch, dass ein direktdemokratischer Entscheidungszugang den Aufbau neuer Parteien unnötig macht, insbesondere sogenannter „Ein-Punkt-Parteien".

Spezifischer auf Demokratietypen bezogen wird vermutet, direkte Demokratie sei mit dem Typus der Mehrheits-/Konkurrenzdemokratie schlecht verträglich, weil die Sachabstimmung gleichzeitig als Vertrauens- oder Misstrauensvotum gegen die Regierung(smehrheit) gilt und dann zur Instabilität der Regierung beiträgt. In Konkordanzdemokratien wie der Schweiz oder Präsidialdemokratien wie den USA (Bundesstaaten) werden vergleichbare Negativwirkungen nicht behauptet, weil Abstimmungsergebnisse nicht den Bestand der Regierung tangieren (vgl. Möckli 1994, Jung 2001)

Auf einer allgemeineren Ebene wird das Problem gesehen, direkte Demokratie führe im Gesamtrahmen des Repräsentationssystems zu einer Systemtransformation. Mehrheits- bzw. konkurrenzdemokratische Grundmuster seien der eben genannten Vertrauenserosion ausgesetzt, daher würden Mehrheitsparteien im Vorfeld von Volksinitiativen möglichst viele Interessen berücksichtigen und somit auf einen konkordanzdemokratischen Pfad einschwenken (ausführlich Jung 2001).

4.3 Qualifizierung der Demokratie?

Schließlich geht es um die Frage, welchen Beitrag die direkte Demokratie als Institution mit Ergänzungsstatus für die Demokratie im Ganzen leisten kann. Verbesserungen ergeben sich dann, wenn zentrale Demokratieprinzipien als Qualifizierungskriterien mutmaßlich durch direktdemokratische Prozesse besser umgesetzt und wichtige politische Funktionen gestärkt werden können.

Als Maßstab dienen fünf Demokratieprinzipien, die aus der allgemeinen Diskussion zur Demokratietheorie gewonnen wurden (vgl. Schiller 1999b):

(1) Grund- und Menschenrechte als garantierte Handlungsbasis der Bürger
(2) Politische Gleichheit als gleiches Recht politischer Teilnahme
(3) Offenheit der Machtstruktur
(4) Transparenz und Rationalität der Entscheidungsprozesse
(5) Politische Effektivität

Wie bei anderen Institutionen, ist auch bei der direkten Demokratie nicht zu erwarten, dass alle diese Prinzipien in ihrem Realisierungsgrad und ihren Qualifizierungsmöglichkeiten gleichgewichtig beeinflusst werden. Die stärksten Wirkungen sind hypothetisch für die politische Gleichheit, die Offenheit der Machtstruktur sowie für Transparenz und Rationalität anzunehmen.

Die direkte Demokratie stärkt in jedem Fall das Prinzip der *politischen Gleichheit* durch die Erweiterung der politischen Beteiligungsrechte um ein Entscheidungsrecht der Stimmbürger (während es sonst auf die Gleichheit des Wahlrechts beschränkt ist). Als Folge davon ergibt sich auch eine intensivere Einbeziehung aller Stimmbürger in die öffentliche Sachberatung (Abstimmungsdebatte). Zwar sind hierfür auch unter Repräsentationsbedingungen die Rechtsgrundlagen gegeben (Meinungsfreiheit, Organisationsrechte usw.), doch im Rahmen direktdemokratischer Verfahren gewinnen eine Vielzahl von Akteuren ein Interesse daran, möglichst viele Bürger im Sinne dieses Mitberatungsrechts einzubeziehen. Es entstehen erweiterte Kommunikationsstrukturen, die für viele auch bessere Chancen des Kommunikationszugangs eröffnen. Beide Aspekte sind geeignet, das demokratische Partizipationsprinzip zu festigen.

Offenheit der Machtstruktur setzt Freiheits- und Gleichheitsprinzipien wesentlich voraus, bildet jedoch auf der Strukturebene (Gewaltenteilung, politischer Wettbewerb) ein eigenständiges Prinzip und Qualitätskriterium, das immer wieder gegenüber strukturellen Schließungstendenzen (z. B. Oligarchisierung) zur Geltung zu bringen ist und auch weitergehende machtstrukturelle Öffnungen rechtfertigt. Direkte Demokratie kann solche Offenheit in mehrfacher Hinsicht fördern. Nach den oben formulierten Annahmen erweitert sie Handlungschancen für neue politische Akteursgruppen, die auch neue, zuvor strukturell ausgeblendete Themen in die politische Tagesordnung bringen können. Sie verbreitert und intensiviert also die politische Initiativ- und Artikulationsfunktion. Zum zweiten bieten die Verfahren direkter Demokratie auch zusätzliche Möglichkeiten für politische Kontrollfunktionen, sei es durch Vetopositionen gegenüber parlamentarischer Gesetzgebung (Referendum), sei es durch Initiierung von Gesetzen zur politischen Machtkontrolle. Aus beiden Perspektiven bieten sich drittens über Mechanismen „indirekter Vorwirkung" neue Chancen, mit direktdemokratischen Initiativen oder Gegenpositionen die politisch-repräsentativen Eliten zu frühzeitigem Entgegenkommen herauszufordern (Responsivität).

Transparenz und Rationalität als Demokratieprinzipien betreffen ebenso die Über- und Durchschaubarkeit relevanter (kontroverser) Positionen und Argumente wie die Rationalität des Verfahrens und die inhaltliche Rationalität der Entscheidungsresultate, die die Effizienz im Verhältnis von Mitteleinsatz und Ergebnis einschließt. Zur Transparenz trägt direkte Demokratie sicher häufig bei, da die themenzentrierte Sachdebatte die Problemstruktur und die anderen Komponenten zum Entscheidungsthema in der öffentlichen Kommunikation breit zugänglich macht. Bei der Verfahrenseffizienz sind wohl Abstriche zu machen, da der Aufwand an Zeit und anderen Kosten, nicht zuletzt Informationskosten, relativ hoch ausfällt und daher nicht für beliebig viele Themen wiederholt werden kann. Unterschiedliche Meinungen (und auch methodische Beurteilungsprobleme) gibt es zur ergebnisbezogenen Sachrationalität direkter Demokratie. Einerseits werden immer wieder Kompetenzdefizite der Stimmbürger, Manipulationsgefahren und eine im Vergleich zu Parlamentsentscheiden mangelnde Beratungsintensität im Detail eingewandt. Andererseits bilden die sozial-moralischen Kompetenzen der Bürger (Werte, Interessen) und die in der Abstimmungsdebatte möglichen kognitiven Lernprozesse, das öffentliche Informationspotential und die breitgestreuten Argumentations- und Orientierungsangebote ein starkes Gegenargument. Positive Einflüsse auf die Ergebnisrationalität folgen auch aus einem breiteren Spektrum von Zielen und Lösungsalternativen und aus der sparsamen Grundeinstellung vieler Bürger zu öffentlicher Ressourcenverwendung (Effizienzkriterium). Welches Reflexionsniveau über komplexe Themen erreicht werden kann, hängt wohl von der

Verknüpfung zwischen politischen Eliten und Stimmbürgerarena, von der Einbeziehung von Expertenurteilen und von der Qualität medialer Vermittlung ab.

Zum Prinzip der *politischen Effektivität* ergeben sich Wirkungen bereits aus der Sachrationalität, insbesondere aus der Wahl geeigneter Problemlösungskonzepte und Instrumente. Darüber hinaus trägt direkte Demokratie in der Regel zu höherer Akzeptanz bei und erleichtert damit die Umsetzung der Entscheidungen. Im Einzelfall und noch stärker in der Kumulation der Entscheidungen sind also nachhaltige Legitimationseffekte und insgesamt eine starke Legitimationsfunktion von direkter Demokratie als Institution zu erwarten.

Die Garantie von *Grund- und Menschenrechten* (Prinzip 1) wird bei direkter ebenso wie bei repräsentativer Demokratie vorausgesetzt und durch praktizierte direkte Demokratie durch Rückkopplungsprozesse eher gestärkt. Direktdemokratischen Verfahren mit ihren Mehrheitsentscheidungen wird zwar verschiedentlich die Gefährdung von Individualrechten und von Minderheitenrechten zugeschrieben. Soweit das zutreffen sollte, ist die Frage nach der Geltung von Grundrechtsgarantien, also der verfassungsmäßigen Selbstbeschränkung gegenüber Mehrheitsentscheidungen, zu stellen. Das der direkten Demokratie zugrunde liegende Prinzip der politischen Gleichheit kann letztlich ohne Verschränkung mit persönlicher und politischer Freiheit nicht aufrechterhalten werden. Demnach müsste der direktdemokratische Gebrauch bürgerschaftlicher Grundrechte die Grundlagen der Freiheit und der Demokratie insgesamt stärken.

Zusammengenommen sind also von direkter Demokratie als systemergänzender Institution in der Gesamttendenz wichtige Beiträge zur Funktionsfähigkeit und Legitimation der Demokratie zu erwarten. Prämisse dafür ist, dass ihre Verfahren nicht durch gesellschaftliche oder politische Machtgruppen instrumentalisiert werden können. Geeignete Verfahrensregeln müssen sicherstellen, dass die institutionellen Qualitäten sich angemessen entwickeln können und eine Institutionenbalance erreicht wird. Als „zweite Säule“ der Demokratie kann direkte Demokratie dann ein fruchtbares Korrektiv gegenüber den Schwachstellen der Parteiendemokratie bilden.

Leseempfehlungen

JUNG, Otmar / KNEMEYER, Franz Ludwig: *Im Blickpunkt: Direkte Demokratie.* München : Olzog, 2001

JUNG, Sabine: *Die Logik direkter Demokratie.* Wiesbaden : Westdeutscher Verlag, 2001

MÖCKLI, Silvano: *Direkte Demokratie. Ein Vergleich der Einrichtungen und Verfahren in der Schweiz und Kalifornien, unter Berücksichtigung von Frankreich, Italien, Dänemark, Irland, Österreich, Liechtenstein und Australien.* Bern, Stuttgart, Wien : Haupt, 1994 (Sankt Gallener Studien zur Politikwissenschaft 16)

SCHILLER, Theo: Prinzipien und Qualifizierungskriterien von Demokratie, in: BERG-SCHLOSSER, Dirk / GIEGEL, Hans-Joachim (Hrsg.): *Perspektiven der Demokratie. Probleme und Chancen im Zeitalter der Globalisierung.* Frankfurt a. M./New York : Campus, 1999, (Studien zur Demokratieforschung Bd. 1) S. 28–56

Weitere Literatur

KIELMANSEGG, Peter G.: Soll die Demokratie direkt sein? Wenn die Bürger selbst entscheiden, ersetzt der Monolog den Dialog zwischen Wählern und Gewählten, in: *Frankfurter Allgemeine Zeitung* (2001), 25.4.2001, Nr. 96

LACKNER, Stefanie: Willensbildungsprozesse im Rahmen von Bürgerentscheiden, in: SCHILLER, Theo (Hrsg.): *Direkte Demokratie in Theorie und kommunaler Praxis.* Frankfurt a.M./New York : Campus, 1999, (Studien zur Demokratieforschung Bd. 2) S. 69–113

LUTHARDT, Wolfgang: *Direkte Demokratie. Ein Vergleich in Westeuropa.* Baden-Baden : Nomos, 1994

SCHAAL, Diana / HABERMANN, Gerd: Argumente für skeptische Zeitgenossen, in: HEUSSNER, Hermann K. / JUNG, Otmar (Hrsg.): *Mehr direkte Demokratie wagen.* München: Olzog, 1999 S. 333–350

SCHILLER, Theo / MITTENDORF, Volker (Hrsg.): *Direkte Demokratie. Forschung und Perspektiven.* Opladen : Westdeutscher Verlag, 2002

SCHMIDT, Manfred G.: *Demokratietheorien.* 3. Aufl. Opladen : UTB; Leske+Budrich, 2000

5. Bayern

Bis zu diesem Kapitel wurden vor allem Beispiele aus den USA, der Schweiz und anderen Ländern herangezogen. Praktische Erfahrungen mit direkter Demokratie gibt es jedoch nicht nur im Ausland, sondern auch in Deutschland, nämlich in den Bundesländern. Insbesondere Bayern verfügt über eine vergleichsweise lange und umfangreiche Praxis mit Volksbegehren und Volksentscheid.

5.1 Verfahrensregelungen

Der Freistaat Bayern hat in seiner Verfassung, die am 1. Dez. 1946 durch Volksentscheid angenommen wurde, die Möglichkeit der Volksgesetzgebung vorgesehen (Art. 2, 4, 5, 74):

Art. 2: (1) Bayern ist ein Volksstaat. Träger der Staatsgewalt ist das Volk. (2) Das Volk tut seinen Willen durch Wahlen und Abstimmungen kund. Mehrheit entscheidet.

Für die Änderung der Verfassung aufgrund eines mit Zwei-Drittel-Mehrheit vom Landtag beschlossenen Entwurfs gilt das obligatorische Referendum (Art. 75 Abs. 2). Verfassungsänderungen sind ebenfalls auf dem Wege der Volksgesetzgebung möglich (vgl. unten). Im Volksentscheid sieht die Bayerische Verfassung in beiden Fällen das Prinzip der einfachen Mehrheit vor. Verfassungsänderungen ausschließlich auf Grund von Landtagsbeschlüssen und anschließendem Volksentscheid wurden zwischen 1970 und 2001 viermal vorgenommen.

Das Verfahren des Volksbegehrens und Volksentscheids ist relativ einfach geregelt (Art. 71, 74):

Tabelle 5.1: Obligatorische Verfassungsreferenden in Bayern

Nr.	Jahr	Gegenstand	Volksentscheid		
			Abstimmungs-beteiligung in %	Ja: Anzahl und in % der gültigen Stimmen	Ja in % der Stimmberechtigten
1	1970	Wahlalter Art. 7 Abs. 1, 14 Abs. 2 BV	38,3	1.423.270 54,8 %	20,81
2	1973	Landtagswahlrecht Art. 14 Abs. 1 und 4 BV	23,3	1.429.558 84,8 %	19,45
3	1984	Umweltschutz Art. 3, 131 Abs. 2, 141 BV	46,2	3.358.878 94,0 %	41,55
4	1998	Grundrechte und Staatsziele Art. 3a, 47 Abs. 4, 118 Abs. 2, 118a, 125 Abs. 1, 131 Abs. 4, 140, 141 Abs. 1 BV	39,9	2.567.247 75,0 %	29,07

Quelle: Hahnzog 1999, S. 166.

- Ein Volksbegehren muss von zehn Prozent der Stimmberechtigten gestellt werden.
- Lehnt der Landtag den Gesetzentwurf ab, kommt es binnen drei Monaten zum Volksentscheid; dabei kann der Landtag dem Volk einen eigenen Entwurf mit vorlegen.
- Die Mehrheit der Abstimmenden entscheidet, es besteht kein Zusatzquorum (zu Verfassungsänderungen seit 1999 vgl. aber unten).

Dem Volksbegehren geht nach Erarbeitung eines Gesetzentwurfs die (freie) Sammlung von 25.000 Unterschriften für einen Zulassungsantrag voraus, der sodann vom Innenministerium auf Verfassungs- und Rechtmäßigkeit geprüft wird. Danach sind die Unterschriften für das Volksbegehren zu sammeln (ca. 900.000), und zwar in Amtsräumen binnen 14 Tagen (seit 1968 halbiert).

Ein Volksentscheid über „den Staatshaushalt" ist nicht möglich (Art. 73). Ein fakultatives Referendum über ein vom Landtag beschlossenes Gesetz ist nicht vorgesehen. Ein von der Regierung, der Landtagsmehrheit oder einer Landtagsminderheit ausgelöstes Referendum (Plebiszit) kennt Bayern nicht. Außerhalb von Sachabstimmungen eröffnet jedoch Art. 18 Abs. 3 auf Antrag von einer Million wahlberechtigter Bürger einen Volksentscheid zur Abberufung des Landtages.

Im Vergleich mit Regelungen im Ausland und in anderen deutschen Bundesländern erweist sich die bayerische Verfahrensordnung als restriktiv, wenn auch nicht an der oberen Grenze. Entscheidend hierfür ist die Unterschriftenhürde von 10 Prozent für das Volksbegehren (binnen 14 Tagen!), während das einfache Mehrheitsprinzip beim Volksentscheid mehr Offenheit ermöglicht. Im Unterschied hierzu verlangt Hessen 20 Prozent Unterschriften für das Volksbegehren, Baden-Württemberg schreibt als Quorum für den Volksentscheid die Zustimmung von 33 Prozent aller Stimmberechtigten vor (vgl. Tabelle 6.2 auf Seite 66). In Bayern kam es freilich für den Volksentscheid bei Verfassungsänderungen im Jahr 1999, mehr als 50 Jahre nach Inkrafttreten der Verfassung, zu einer einschneidenden Veränderung des Verfassungsrechts durch Richterrecht. Der Bayerische Verfassungsgerichtshof entschied nämlich (anlässlich des Volksentscheids zur Abschaffung des bayerischen Senats, der jedoch gültig blieb), dass Volksentscheide für Verfassungsänderungen ohne Zusatzquorum verfassungswidrig seien (Bayerischer Verfassungsgerichtshof, Entscheidung vom 17.09.1999).[1] Als wesentliche Gründe wurden angeführt: für die Verfassung müsse eine erhöhte Stabilität gewährleistet sein und für Verfassungsänderungen bedürfe es einer demokratischen Mindestlegitimation. Insgesamt spielten Rechts- und Verfahrensfragen (auch als Machtfaktor) und damit der Bayerische Verfassungsgerichtshof in zahlreichen Verfahren eine wichtige Rolle.

5.2 Praxis

Die Verfahrensordnung Bayerns hat einen gewissen Umfang direktdemokratischer Praxis in Form von Initiativen für neue Gesetze und für Verfassungsänderungen ermöglicht. Diese Entwicklung setzte allerdings erst 1967 ein, bis Ende 2001 wurden 31 Verfahren beantragt und 13 Volksbegehren durchgeführt.

- Von diesen 13 Volksbegehren scheiterten allerdings sieben an der Unterschriftenhürde von 10 Prozent (FDP-Antrag zum Schulartikel 1967, Gebietsreform 1971, Lernmittelfreiheit 1977, Zusammensetzung des Senats 1977, Gentechnik 1998, Schulreform 2000, Richterwahl 2000).
- Bei den anderen sechs Initiativen kam ein gültiges Volksbegehren zustande und der Volksentscheid fand statt zu den Themenbereichen Abschaffung der Bekenntnisschule[2], Rundfunkfreiheit, Abfallrecht, Einführung des kommunalen Bürgerentscheids und Abschaffung des Senats (vgl. Tabelle 5.2 und 5.2 auf Seite 56).
- Die weiteren Initiativen wurden vom Innenministerium und dem Bayer. VerfGH als rechts- oder verfassungswidrig nicht zum Volksbegehren zugelassen (u.a. Faire Volksentscheide 1994; Bessere Schule 1994; Keine Klasse über 30, 1994; Faire Volksrechte 2000; Schutz des Bürgerentscheids 2000).

1 BayVerfGHE 52, 104-142, zu finden in den Bayerischen Verwaltungsblättern, Bd. 130 (1999), S. 719-727.

2 Hier wurden *zwei* Volksbegehren gestellt, nämlich eines von SPD/FDP, ein zweites (abwehrend) von der CSU; zum Volksentscheid kam schließlich auch ein Kompromissentwurf des Landtags, der erfolgreich war (vgl. Tab. 5.2 auf der nächsten Seite). Insgesamt ging es also um fünf Themen und sechs Volksbegehren.

Tabelle 5.2: Volksbegehren in Bayern (bis Ende 2001)

Nr.	Jahr	Gegenstand	Volksbegehren	Volksentscheid		
			Gültige Eintragungen Anzahl (%)	Abstimm. beteil. in %	Ja: Anzahl (%) der gült. Stimmen	Ja: % der Stimm-berecht.
1	*1967*	*Schulartikel (FDP) Art. 135 BV*	*625.464 (9,3 %)*	–	–	–
2	1967	Schulartikel (SPD/FDP) Art. 135 BV	863.916 (12,9)	40,7	357.766 (13,5)	5,29
3	1967	Schulartikel (CSU) Art. 135 BV	1.157.590 (17,2)	40,7	227.039 (8,5)	3,36
	1968	SCHULARTIKEL (LANDTAGSENTWURF) ART. 135 BV		40,7	2.027.782 (76,3)	29,97
4	*1971*	*Demokratische Gebietsreform Art. 9 und 20 Abs. 2 BV*	*264.951 (3,7)*	–	–	–
5	1972/73	Rundfunkfreiheit (Bürgerkomitee) Art. 111a BV	1.006.679 (13,9)			
	1973	RUNDFUNKFREIHEIT (LANDTAGSENTWURF) ART. 111A BV		23,3	1.473.604 (87,1)	20,04
6	*1977*	*Lernmittelfreiheit Art. 132 BV*	*474.157* (6,4 %)	–	–	–
7	*1977*	*Zusammensetzung d. Senats Art. 35 BV*	*438.608 (5,9 %)*	–	–	–

Tabelle 5.2: Volksbegehren in Bayern (bis Ende 2001, Fortsetzung)

8	1990 / 91	Abfallrecht („Das bessere Müllkonzept“) einfaches Recht	1.061.561 12,8	43,8	1.640.432 43,5	19,04
		ABFALLRECHT (LANDTAGSENTWURF) EINFACHES RECHT		43,8	1.925.940 51,0	22,36
9	1995	KOMMUNALER BÜRGERENTSCHEID („MEHR DEMOKRATIE IN BAYERN“) ART. 7 UND 12 BV UND EINFACHES RECHT	1.197.370 13,7	36,8	1.857.919 57,8	21,18
		Kommunaler Bürgerentscheid (Landtagsentwurf) Art. 12 BV, einfaches Recht		36,8	1.244.886 38,7	14,19
10	1997/ 98	ABSCHAFFUNG DES BAYERISCHEN SENATS ART. 34 BIS 42, 68 ABS. 3, 71, 179 BV	927.047 10,5	39,9	2.412.944 69,2	27,3
		Senatsreformgesetz (Landtagsentwurf) Art. 34 bis 42 BV		39,9	823.462 23,6	9,32
11	*1998*	*„Gentechnikfrei“; einfaches Recht*	*436.345 (4,9 %)*	–	–	–
12	2000	*Schulreformgesetz „Die bessere Schulreform“, einfaches Recht*	*507.900 (5,7 %)*	–	–	–
13	2000	*Richterwahl „Macht braucht Kontrolle“, einfaches Recht*	*271.734 (3,0 %)*	–	–	–

kursiv gesetzt: Volksbegehren nicht zustande gekommen mangels Beteiligung.
GROSS GESETZT: Volksbegehren zustande gekommen bzw. beim Volksentscheid erfolgreich.
normal gesetzt: Beim Volksentscheid unterlegen bzw. Entwurf zurückgezogen.
Quelle: *Hahnzog 1999, S. 164-165.*

Die Themenkomplexe Schule und politische Willensbildung (Rundfunk, Bürgerentscheid, Senat) standen also ganz im Vordergrund der Aktivitäten, auch wenn man die schon in den ersten Verfahrensstufen gescheiterten Initiativen einbezieht.

Bei den Volksbegehren zum Schulartikel 135 der Bayerischen Verfassung 1967/68 sollte die *Konfessionsschule* durch die „christliche Gemeinschaftsschule" abgelöst werden. Während ein erstes Volksbegehren der FDP knapp scheiterte, kam ein zweiter Anlauf durch die SPD und FDP gemeinsam zum Volksentscheid, gleichzeitig mit einer Gegenposition der CSU und mit einem formellen Gegenentwurf der CSU-Landtagsmehrheit, der eine Mehrheit von drei Vierteln erreichte. Ein nicht über ein Volksbegehren initiierter Weg zu einer solchen Verfassungsänderung (2/3-Mehrheit des Landtags und Volksentscheid) wäre politisch damals undenkbar gewesen. Dass der Gegenentwurf des Landtags im Volksentscheid obsiegte, war nur möglich, weil er wesentliche Anliegen der Volksbegehren der Opposition aufgenommen hatte. Insofern waren sie politisch erfolgreich.[3]

Ähnliches gilt für die von den Oppositionsparteien wesentlich mitgetragene *Rundfunkinitiative* 1972/73, die den Einfluss des Staates und der Regierungspartei auf Rundfunk und Fernsehen zurückdrängen und Pluralität und weltanschauliche Neutralität sichern sollte (vgl. Art. 111a Bay.Verf.). Hier wurde am Ende nur der mit Zwei-Drittel-Mehrheit von allen drei Fraktionen (CSU, SPD, FDP) beschlossene Landtagsentwurf auf Verfassungsänderung zum Volksentscheid gestellt und erreichte 87,1 Prozent der gültigen Stimmen (entspricht nur 20 Prozent der Stimmberechtigten).

Bei der Gesetzesinitiative zum *„besseren Müllkonzept"* 1990/91 führte bereits der Zulassungsantrag einer breiten umweltpolitischen „Bürgeraktion" für ein Volksbegehren zunächst zu einem gemeinsamen Gesetzentwurf von CSU und SPD im Landtag. Gleichwohl hielt die Bürgeraktion am Volksbegehren fest und konnte die 10-Prozent-Hürde überwinden, worauf die CSU mit ihrer Landtagsmehrheit einen eigenen Gegenentwurf entgegenstellte, der gegenüber dem Ursprungsentwurf weitere Konzessionen machte. Im Volksentscheid obsiegte der (CSU-)Landtagsentwurf mit 51 zu 43,5 Prozent, also deutlich knapper als bei den beiden vorange-

---

3 Das formell an der 10-Prozent-Klausel gescheiterte (6,4 %) Volksbegehren „Lernmittelfreiheit" (1977), das durch Kürzungen bei Lernmittel- und Schulwegskosten ausgelöst wurde, war materiell ebenfalls durchaus erfolgreich, weil die Kürzungen vor Beginn der Eintragungsfrist bereits weitgehend zurückgenommen waren.

gangenen Themen, bei denen es zu einer breiteren Kompromissbildung der Parteien gekommen war.

Die Initiative zur Einführung des *kommunalen Bürgerentscheids* 1995 (Art. 7 und 12 Bay.Verf. sowie Gemeindeordnung), im Volksbegehren vom Verein „Mehr Demokratie", zahlreichen Verbänden und den Oppositionsparteien getragen, führte ebenfalls zu einem Volksentscheid zwischen dem Initiativentwurf und dem Gegenentwurf der Landtagsmehrheit. Hier konnte der Entwurf des Volksbegehrens mit 57,8 Prozent (gegen 38,7 Prozent) eindeutig gewinnen, offenbar weil die Konzessionsbereitschaft der CSU zu gering war und die SPD eine eindeutig befürwortende Haltung eingenommen hatte.

Bei der Initiative zur *Abschaffung des Senats* 1997/98 (Verfassungsänderung, Art. 34-42 u. weit. Bay.Verf.) kam es im Volksentscheid zu einem noch deutlicheren Ergebnis mit 69,2 Prozent für das Volksbegehren gegenüber nur 23,6 Prozent für das Senatsreformgesetz der Landtagsmehrheit.

Insgesamt fällt auf, dass vier dieser fünf Themenkomplexe Verfassungsänderungen zum Inhalt hatten und auch als solche erfolgreich waren.

5.3 Politischer Prozess

Zum politischen Hintergrund dieser direktdemokratischen Aktivitäten gehört zweifellos die langjährige Einparteiendominanz der CSU in Bayern (allerdings erst seit 1958). Damit wurden auch weltanschauliche Konfliktstoffe aufgestaut, die durch parlamentarischen Mehrheitswechsel nicht abgearbeitet werden konnten.

a) Initiativstruktur: Vergleicht man bei diesen Fällen die Initiativstrukturen, werden markante Unterschiede sichtbar. Anfänglich wurden die Aktivitäten eindeutig von den Oppositionsparteien FDP und SPD getragen, auch wenn bei der Rundfunkinitiative ein „Bürgerkomitee" aus dem publizistischen Bereich beteiligt war. Das gescheiterte Begehren „Lernmittelfreiheit" (1976) ging vom „Deutschen Familienverband" aus, unterstützt von der SPD, aber nicht der FDP. Das Volksbegehren zum „besseren Müllkonzept" 1990/91 wurde primär von einer Umweltkoalition aus Bürgerinitiativen und Umweltverbänden auf den Weg gebracht und im weiteren Verlauf von den GRÜNEN unterstützt, während die SPD-Opposition bei aller inhaltlichen Nähe eigene Strategien, parlamentarische Kompromisse und Gesetzentwürfe verfolgte. Die Initiative „Bürgerbegehren und Bürgerentscheid auf Gemeindeebene“ lag bei dem Bürgerrechtsbündnis „Mehr Demokratie in Bayern“, das in enger Zusammenarbeit mit GRÜNEN, SPD und FDP doch eine eigenständige und prägende Strategie verfolgte. Eine ähnliche Struktur findet sich bei „Faire Volksentscheide“, „Richterwahl“ sowie dem klar erfolgreichen Fall “Abschaffung des Senats“. In der Gesamtentwicklung ist unverkennbar, dass sich neben den Oppositionsparteien ein Spektrum handlungsfähiger „zivilgesellschaftlicher“ Gruppen herausgeschält hat, die entscheidende Aufgaben in der Initiativstruktur für Volksbegehren übernehmen konnten (besonders: Müllkonzept, Bürgerentscheid). Hierfür ist sicherlich die Entwicklungsgeschichte der „neuen sozialen Bewegungen“ in Deutschland seit den 1970er Jahren von wesentlicher Bedeutung gewesen.

b) Interaktion mit dem Parlament: Da die Initiativen zur Entkonfessionalisierung der Schule und zur Rundfunkfreiheit von den Oppositionsparteien selbst getragen wurden, spielten sich auch die wesentlichen Interaktionen und die Kompromissbildung im Rahmen des Parteiensystems ab. Bei dem (knapp gescheiterten) Volksbegehren „Lernmittelfreiheit“, das nur von der SPD eindeutig unterstützt wurde, gab die CSU-Mehrheit letztlich nach und hob die Kürzungen der Schulwegs- und Lernmittelkosten weitgehend wieder auf. Damit verlor das Volksbegehren zwar formelle Erfolgschancen (nur 6,4 Prozent Unterstützungseintragungen), sachlich lag darin jedoch mindestens ein Teilerfolg. Beim Verfahren „Müllkonzept“ reagierten die Parteien keineswegs in strategischer Souveränität auf die außerparlamentarische Initiative, insbesondere die SPD manövrierte sich zwischen die Stühle. Positiv zeigten sich aber inhaltliche Lern- und Kompromissbereitschaft (sei es auch aus machtpolitischen Motiven), die auch den am Ende knapp erfolgreichen Gegenentwurf der CSU-Mehrheit prägten. Bei den Themen „Bürgerentscheid“ und „Senatsreform“ kam die Regierungspartei dem Reformbündnis zwar ansatzweise entgegen, aber doch nicht weit genug, um den Erfolg des Volksentscheids abwenden zu können. In allen vorangegangenen Verfahren hatte die CSU-Mehrheit die Bereitschaft gezeigt, mit Zugeständnissen zu Kompromissen oder auch zu eigenen Abstimmungserfolgen zu kommen.

c) Öffentliche Abstimmungsdebatte: Alle Verfahren der Volksgesetzgebung in Bayern haben sich, soweit das noch rekonstruierbar ist, in einer breiten und intensiven öffentlichen Diskussion niedergeschlagen, zumindest bei den Schul- und Rundfunkfragen auch mit bundesweitem Echo. Die Hauptakteure ergeben sich aus der bereits skizzierten Struktur der Initiative und der Parlamentsinteraktion, die ergänzt wird durch Stellungnahmen und Reaktionen von Verbänden, Betroffenengruppen und Medien. Besonders beim Müllkonzept und beim Bürgerentscheid kamen viele Akteure der Kommunalpolitik hinzu (Bürgermeister, Gemeindeverbände usw.), das lokale Veranstaltungsangebot und die Diskussionsintensität in den lokalen Medien war immens. Exemplarisch meinte der CSU-Fraktionsvorsitzende Glück: „Noch nie wurden in den Gemeinden, Landkreisen und Städten Möglichkeiten der Abfallvermeidung (und der) Abfallverwertung so intensiv diskutiert ..." (vgl. Jung 1992; zum Bürgerentscheid Jung 1996). Es zeigte sich, dass auch in gewissem Umfang Expertenwissen in diesem Diskussionsprozess vermittelt werden konnte. Wenngleich detaillierte Untersuchungen zur inhaltlichen Struktur dieser themenzentrierten Kommunikationsprozesse nur rudimentär vorliegen, so sprechen doch genügend Indizien für den Gesamteindruck, dass für eine große Zahl von Stimmbürgerinnen und -bürgern die Sachprobleme und Entscheidungsalternativen gut zugänglich wurden. Dass dabei auch Machtfragen, insbesondere zu den Parteien, in diese Debatten eingebettet waren, gehört natürlich zu den politischen Realitäten in einer primär repräsentativ verfassten Demokratie.

d) Verfahrenserfolg, Beteiligung: Die Volksbegehren in Bayern haben mehrheitlich (in 6 Fällen) zu klaren Sacherfolgen geführt. Bei „Bürgerentscheid" und „Senatsreform" wurde dies mit deutlichen Abstimmungssiegen beim Volksentscheid erreicht, bei den Themen „Schulartikel" und „Rundfunkfreiheit" bestätigten die Volksentscheide zuvor ausgehandelte Kompromisse. Beim „Müllkonzept" war der Teilerfolg im CSU-Gegenentwurf enthalten. Einen Teilerfolg konnte auch das nicht zustande gekommene Volksbegehren „Lernmittelfreiheit" verzeichnen. In den anderen Fällen kam kein Erfolg zustande (Gebietsreform 1971, Zusammensetzung des Senats 1977, Gentechnikfrei 1998). Dennoch erzielten die Themen zum Teil beträchtliche öffentliche Aufmerksamkeit, wie auch diejenigen Verfahren, die bereits beim Zulassungsantrag an Rechtsgründen scheiterten und deshalb nicht als „Volksbegehren" zählen (Faire Volksentscheide im Land 1994; Bessere Schule 1994; Keine Klasse über 30 1994; Faire Volksrechte im Land, Schutz des Bürgerentscheids 2000).

Die Abstimmungsbeteiligung bei den Volksentscheiden bewegte sich mehrheitlich um die 40 Prozent in einer Spanne von 36,8 bis 43,8 Prozent. Einen „Ausreißer“ nach unten mit nur 23,3 Prozent bildete der Entscheid über die Rundfunkfreiheit 1973, bei dem die vorausgegangene Kompromissbildung für den gemeinsamen Landtagsentwurf (das Volksbegehren selbst war zurückgezogen worden) die politische Spannung aus der Abstimmung herausgenommen hatte. Es wurden jeweils deutliche bis sehr hohe Mehrheiten der Abstimmenden erreicht, so dass in jedem der Volksentscheide auch eine Zustimmung von mehr als 20 Prozent aller Stimmberechtigten zustande kam (ein Zustimmungsquorum war jedoch bis 1999 auch für Verfassungsänderungen nicht erforderlich).

5.4 Gesamtbewertung

Dass in Bayern nach dreizehn gültigen Volksbegehren sechs Volksentscheide stattfinden konnten, von denen drei im Sinne der Initiatoren erfolgreich waren, bedeutet sicher im internationalen Vergleich keine allzu große direktdemokratische Aktivität. Innerhalb der deutschen Bundesländer markiert dieser Wert aber schon die Spitzengruppe, auch wenn man den wesentlich kürzeren Zeitraum der ostdeutschen Länder seit Anfang der 90er Jahre einbezieht. Die seit 1958 bestehende Dominanz der CSU-Regierungsmehrheit bot einen entsprechenden Motivationshintergrund, der besonders anfänglich den Oppositionsparteien eine starke Beteiligung nahelegte, während seit den 70er Jahren ein breiteres Spektrum gesellschaftlicher Gruppen hervortrat. Der nur begrenzt restriktive Verfahrensrahmen (10 Prozent Unterschriftenquorum, Volksentscheid mit einfacher Mehrheit) erwies sich für Initiativen offenbar in einigen Fällen als überwindbar. Zahlreiche Anläufe scheiterten jedoch an den Zulässigkeitsregeln und der Unterschriftenhürde. Bei den Themen der Volksbegehren liegt nahe, dass schul- und bildungspolitische Fragen auf Landesebene mehrfach aufgegriffen wurden. Ein zweiter Themenkreis betrifft, gerade bei den erfolgreichen Fällen, Regelungen des politischen Prozesses und der Machtkontrolle (Rundfunkfreiheit, Einführung des kommunalen Bürgerentscheids, Abschaffung des Senats). Diese Ergebnisse, in jedem Fall aber auch die in Gang gesetzten öffentlichen Abstimmungsdebatten, haben in Bayern ohne Zweifel zu einer gewissen Öffnung der

Machtstrukturen und einer Differenzierung des politischen Meinungsspektrums beigetragen.

Leseempfehlungen

HAHNZOG, Klaus: Bayern als Motor für unmittelbare Demokratie, in: HEUSSNER, Hermann K. / JUNG, Otmar (Hrsg.): *Mehr direkte Demokratie wagen*. München : Olzog, 1999 S. 159–176

JUNG, Otmar: Der Volksentscheid über die Einführung des kommunalen Bürgerentscheids in Bayern am 1. Oktober 1995, in: *Jahrbuch zur Staats- und Verwaltungswissenschaft* Bd. 9 (1997), S. 191–272

WEIXNER, Bärbel M.: *Direkte Demokratie in den Bundesländern. Verfassungsrechtlicher und empirischer Befund aus politikwissenschaftlicher Sicht*. Opladen : Leske + Budrich, 2002

Weitere Literatur

JUNG, Otmar: Der Volksentscheid über das Abfallrecht in Bayern vom 17. Februar 1991, in: *Zeitschrift für Parlamentsfragen* Jg. 23 (1992), S. 48–69

REHMET, Frank: Direkte Demokratie in den deutschen Bundesländern, in: SCHILLER, Theo / MITTENDORF, Volker (Hrsg.): *Direkte Demokratie – Forschung und Perspektiven*. Opladen : Westdeutscher Verlag, 2002

TROITZSCH, Klaus G.: *Volksbegehren und Volksentscheid*. Meisenheim am Glan : Hain, 1979

6. Die anderen Bundesländer

6.1 Verfassungsentscheidungen

Wenn alle Staatsgewalt vom Volk ausgeht, sollte Verfassungsgebung, also auch Verfassungsänderung, der erste Ausdruck solcher Volkssouveränität sein. Formen der direkten Demokratie haben zur Ausübung der „verfassungsgebenden Gewalt des Volkes“ im Verfassungsleben der deutschen Bundesländer nur einen bescheidenen Platz gefunden. Nur neun von 16 Verfassungen der Länder sind als Ganzes durch Volksentscheid angenommen worden, auch in den fünf ostdeutschen Bundesländern waren es nur drei Verfassungen. Änderungen der Landesverfassungen können grundsätzlich von den Landtagen mit Zwei-Drittel-Mehrheit beschlossen werden. Nur in zwei Ländern, Bayern und Hessen, ist ein obligatorisches Verfassungsreferendum vorgeschrieben. Während in Hessen die Mehrheit der Mitglieder des Landtages ausreicht, um das Verfassungsreferendum herbeizuführen, muss die Verfassungsänderung in Bayern zunächst durch Zwei-Drittel-Mehrheit im Parlament eingeleitet werden. In zwei weiteren Ländern, Baden-Württemberg und Sachsen, kann eine Mehrheit des Landtages ein Verfassungsreferendum auslösen – die Abstimmung hat dann Plebiszitcharakter (ähnlich bisher in NRW durch Landesregierung oder Landtagsmehrheit).

Initiativen zur Verfassungsänderung können in fast allen Ländern – mit Ausnahme des Saarlandes, Hessens und Berlins – auch durch *Volksbegehren* in Gang gebracht werden (vgl. Tabelle 6.1). Nur zwei Länder verlangen ein verfassungsspezifisch erhöhtes Unterschriftenquorum: Hamburg mit 10 Prozent und Bremen sogar mit 20 Prozent. Im Übrigen gelten die selben Quoren wie beim Volksbegehren für eine Gesetzesinitiative, die allerdings in der Höhe stark variieren (vgl. Tabelle 6.2 auf Seite 66): von vier Prozent in Brandenburg bis ein Sechstel (16,7 Prozent) in Baden-Württemberg. Verfassungsinitiativen stehen damit – wie

Tabelle 6.1: Verfassungsänderungen durch Direkte Demokratie

Land	Verfassung durch VE angenommen	Obligat. Verfassungs-referendum	VE von oben	Verfassungsinitiative durch VB (Quorum)	Verfassungs-VE (Quorum)
Baden-Württemberg	1946	–	LT-Mehrheit	normal: 16,67 %	ZQ 50 %
Bayern	1946	Ja	–	normal: 10 %	ZQ 25 %[1]
Berlin	1995	–	–	(nur Volksinitiative)	–
Brandenburg	1992	–	–	normal: 4 %	2/3-Mehrheit; ZQ 50 %
Bremen	1947	–	–	speziell: 20 %	ZQ 50 %
Hamburg	–	–	–	speziell: 10 %	2/3-Mehrheit; ZQ 50 %
Hessen	1946	Ja	–	(Nein)	Kein Quorum
Mecklenburg-Vorpommern	1993	–	–	normal: 10 %	2/3-Mehrheit; ZQ 50 %
Niedersachsen	–	–	–	normal: 10 %	ZQ 50 %
Nordrhein-Westfalen	1950	–	LT-Mehrh.; LReg.; „Kann“	(Nein)	–
ab 2002				8 %	2/3-Mehrheit; BQ 50 %
Rheinland-Pfalz	1947	–	–	(20 %)	
ab 2001				300.000 (ca. 10 %)	ZQ 50 %
Saarland	–	–	–	–	–
Sachsen	–	–	LT-Mehrheit	normal: 450.000 (ca. 12,6 %, max. 15 %)	ZQ 50 %
Sachsen-Anhalt	–	–	–	normal: 250.000 (ca. 11,6 %)	2/3-Mehrheit; ZQ 50 %
Schleswig-Holstein	–	–	–	normal: 5 %	2/3-Mehrheit; ZQ 50 %
Thüringen	1994	–	–	normal: 14 %	2/3-Mehrheit; ZQ 50 %

VE=Volksentscheid; normal: Verfahren wie bei Gesetzesinitiative durch VB;
VB=Volksbegehren; speziell: Besondere Regelung für Verfassungsänderung;
ZQ=Zustimmungsquorum; BQ=Beteiligungsquorum
[1] durch Urteil des Bay. VerfGHs vom 17.09.1999 eingeführt.

andere Volksbegehren auch – vor mehrheitlich sehr hohen Hürden.

Kommt es nun zum Volksentscheid über Verfassungsänderungen, liegen die Barrieren noch sehr viel höher. Elf Länder verlangen ein Zustimmungsquorum von 50 Prozent der Stimmberechtigten, in fünf Ländern muss außerdem eine Zwei-Drittel-Mehrheit der Abstimmenden erreicht sein. NRW verbindet die Zwei-Drittel-Mehrheit mit einem Beteiligungsquorum von 50 Prozent der Stimmberechtigten, im knappsten Fall müssten also 33,3 Prozent zugestimmt haben. Hessen entscheidet beim obligatorischen Verfassungsreferendum mit einfacher Mehrheit. Bayern verfuhr bisher ebenso (obligatorisches Referendum sowie via Volksbegehren), muss nun aber durch Urteil des Bayerischen Verfassungsgerichtshofs (17.09.1999) ein Zustimmungsquorum von 25 Prozent verlangen.

Insgesamt sind zwar auf dieser Basis Volksbegehren zur Verfassungsänderung denkbar, doch Realisierungschancen wird es in der Regel nur bei Übernahme durch die jeweilige Zwei-Drittel-Mehrheit des Landtages geben. Die Zustimmungsquoren von 50 Prozent der Stimmberechtigten im Volksentscheid sind praktisch unüberwindlich. Denn selbst bei Koppelung der Abstimmung mit Landtagswahlen dürfen bei den heute üblichen Wahlbeteiligungen von 60-70 Prozent kaum noch ablehnende Stimmen dabei sein, damit eine Initiative auf Verfassungsänderung Erfolg hat. De facto hat damit der parlamentarische Verfassungsgeber eine Monopolstellung.

6.2 Gesetzesinitiative

Zwischen den Bundesländern bestehen große Unterschiede der Verfahrensanforderungen (vgl. Tabelle 6.2 auf der nächsten Seite). Allerdings ist durch Änderungen in den letzten Jahren eine gewisse Annäherung in Gang gekommen.

Die Spanne wird nach wie vor abgesteckt durch Schleswig-Holstein einerseits und das Saarland oder Baden-Württemberg andererseits. In *Schleswig-Holstein* beginnt ein dreistufiges Verfahren mit der Volksinitiative (Unterschriftenhürde 1 Prozent), für das Volksbegehren selbst sind 5 Prozent Eintragungen erforderlich, und im Volksentscheid schließlich wird außer der Stimmenmehrheit ein Zusatzquorum von 25 Prozent der Stimmberechtigten verlangt. Demgegenüber fordert das *Saarland* für

Tabelle 6.2: Gesetzesinitiativen durch Volksbegehren

	Länder	Antrags-quorum	VB-Quorum	VE-Quorum
niedrig	Brandenburg	20.000 (ca. 1,02 %)	80.000 (ca. 4,1 %)	25 %
niedrig	Hamburg	10.000 (ca. 0,79 %)	5 %	20 %
niedrig	Schleswig-Holstein	20.000 (ca. 0,94 %)	5 %	25 %
mittel	Bayern	25.000 (ca. 0,29 %)	10 %	–
mittel	Berlin	25.000 (ca. 0,99 %)	10 %	33 %
mittel	Bremen	5.000 (ca. 0,96 %)	10 %	25 %
mittel	Mecklenburg-Vorpommern	15.000 (ca. 1,05 %)	140.000 (ca. 9,8 %)	33 %
mittel	Niedersachsen	25.000 (ca. 0,43 %)	10 %	25 %
mittel	Nordrhein-Westfalen (neu)	5.000 (ca. 0,02 %)	8 %	15 %
mittel	Rheinland-Pfalz	20.000 (ca. 0,68 %)	300.000 (ca. 10,2 %)	BQ 25 %
mittel	Sachsen	40.000 (ca. 1,1 %)	450.000 (ca. 12,1 %)	-
mittel	Sachsen-Anhalt	10.000 (ca. 0,45 %)	250.000 (ca. 11,2 %)	25 %
hoch	Baden-Württemberg	10.000 (ca. 0,14 %)	16,67 %	33 %
hoch	Hessen	3 % (ca. 128.000)	20 %	–
hoch	Saarland	5.000 (ca. 0,59 %)	20 %	50 %
hoch	Thüringen	5.000 (ca. 0,25 %)	14 %	33 %

VB=Volksbegehren; ZQ=Zustimmungsquorum;
VE=Volksentscheid; BQ=Beteiligungsquorum

den Zulassungsantrag zwar nur 5.000 (ca. 0,6 Prozent) Unterschriften, aber dann beim Volksbegehren 20 Prozent und beim Volksentscheid sogar 50 Prozent Zustimmung aller Stimmberechtigten (*Baden-Württemberg:* Volksbegehren ein Sechstel = 16,7 Prozent, beim Volksentscheid ein Drittel = 33 Prozent; *Thüringen:* Volksbegehren 14 Prozent (in vier Monaten), Volksentscheid Zusatzquorum von ebenfalls einem Drittel der Stimmberechtigten).

Zwischen diesen Rändern liegen mehrere andere Länder mit einem Volksbegehrensquorum von 10 Prozent und einem Zusatzquorum beim Volksentscheid von 25 Prozent der Stimmberechtigten. An einem internationalen Vergleichsmaßstab gemessen, sind die deutschen Regelungen mehrheitlich restriktiv, wobei eine inzwischen kleinere Gruppe stark restriktive Hürden aufweist. Ein Land wie Schleswig-Holstein erweist sich nur in der ersten Stufe und beim Volksbegehren als gemäßigt offen.

Während früher auch Nordrhein-Westfalen und Rheinland-Pfalz zu der Ländergruppe mit einer 20-Prozent-Hürde beim Volksbegehren zählten, ist hier eine Öffnung in Gang gekommen. *Rheinland-Pfalz* hat im Art. 109 VerfRhPf im Mai 2000 ein Quorum von 300.000 Eintragungen festgelegt, das entspricht etwa 10 Prozent (in Kraft zusammen mit dem Ausführungsgesetz seit Mai 2001) Für den Volksentscheid gilt nun ein zusätzliches Beteiligungsquorum von 25 Prozent der Stimmbürger. *Nordrhein-Westfalen* beschloss im Frühjahr 2002 eine Verfassungsänderung, wonach für die neue erste Verfahrensstufe (Volksinitiative) 0,5 Prozent, für ein Volksbegehren 8 Prozent Unterschriften (in acht Wochen) erforderlich sind. Für den Volksentscheid wird nun für einfache Gesetze ein Zusatzquorum von 15 Prozent der Stimmberechtigten verlangt. Damit wurde die ursprüngliche Konzeption, eine hohe 20-Prozent-Hürde für das Volksbegehren mit einer einfachen Abstimmungsmehrheit beim Volksentscheid zu kombinieren, in zwei weiteren Ländern aufgegeben; sie besteht nur noch in Hessen fort.

6.3 Praxis direkter Demokratie in den Bundesländern

Die hohen Hürden, die vor 1990 weithin bestanden haben, machten es offenkundig sehr schwer, von einem Volksbegehren erfolgreich Gebrauch zu machen (vgl. Tabelle 6.3 auf Seite 69). Bereits die Rechtsprüfung beim Zulassungsantrag zeigte mehrfach, dass schon die landesrechtliche Zuständigkeit enge Grenzen zieht (u.a. „Volksbegehren für den Frieden“, Baden-Württemberg 1985; „Startbahn West“ 1981 in Hessen). Auch die Unzulässigkeit von Finanzthemen fordert ihren Tribut. Ebenso erwiesen sich die Unterschriftenquoren als schwer überwindbar. Ein Begehren für die Briefwahl in Hessen 1966 erreichte nur knapp 7 Prozent, eines gegen die kommunale Gebietsreform in NRW 1973 nur 6 Prozent. Nur das wesentlich von der CDU und der katholischen Kirche in NRW 1978 getragene Volksbegehren gegen die „Kooperative Schule“ erreichte 29,9 Prozent Unterschriften aller Stimmberechtigten. Zum Volksentscheid kam es allerdings nicht, weil die SPD/FDP-Regierung nachgab.

Nach 1990 gab es außer dem offeneren Modell Schleswig-Holsteins auch die östlichen Bundesländer mit recht unterschiedlichen Verfahrensordnungen (vgl. Klages und Paulus 1996). Im (relativ günstigen) Fall Brandenburgs blieben allerdings 1992 bis 1995 drei Initiativen für Volksbegehren sogar unter drei Prozent, in Sachsen erreichte ein Vorstoß für soziale Grundrechte nur 4,5 Prozent, und in Thüringen eine Mieterschutzinitiative nur 1,6 Prozent, während eine der Gewerkschaften für ein Aufbaugesetz mit 6,7 Prozent doch weit von der 14-Prozenthürde entfernt blieb. Ein Volksbegehren für den Erhalt des Buß- und Bettages (Kontext Pflegeversicherung) überwand 1997 in Schleswig-Holstein mit 5,7 Prozent das Quorum und kam auch in den Volksentscheid, um dann dort mit 19,9 Prozent der Stimmberechtigten (68,2 Prozent Stimmenmehrheit) an der 25-Prozent-Klausel zu scheitern. Zum selben Thema reichten 1998 in Rheinland-Pfalz mehr als 6 Prozent nicht für ein gültiges Volksbegehren. In Niedersachsen blieb die Unterstützung bei weniger als 5 Prozent (Quorum: 10 Prozent).

Einen eindeutigen Erfolg konnte nur das Volksbegehren in Schleswig-Holstein gegen die Rechtschreibreform 1997/98 erzielen, für das sich 10,5 Prozent, also doppelt so viele wie die erforderlichen 5 Prozent, eintrugen. Auch der Volksentscheid (Sept. 1998) übertraf mit 41,6 Prozent der Stimmberechtigten weit das 25-Prozent-Quorum (Kliegis und Kliegis 1999). Ein Jahr später beschloss allerdings der Landtag Schleswig-Holsteins eine gegenteilige Gesetzesformulierung, die gültig wurde, da keine Sperrfrist zugunsten eines Volksentscheides besteht.

Die Themenstruktur der gültigen Volksbegehren und der anschließend durchgeführten Volksentscheide (Tab. 6.4 auf Seite 71) weist klare Schwerpunkte in den Bereichen Bildung/Kultur sowie Demokratie und Staatsorganisation auf.

Tabelle 6.3: Anwendungshäufigkeit von Volksbegehren in den Ländern

Bundesland (Verfahren in Kraft...) jew. bis Ende 2001	Anzahl eingeleiteter Verfahren VB	davon Volks-begehren	davon Volks-entscheide	Zeitraum in Jahren	Statistische Verfahrens-häufigkeit pro Jahr
Bayern (seit 1946)	31	13	5	55	0,56
Baden-Württemberg (seit 1953)	4	-	-	48	0,08
Berlin (1949-1974, seit 1995)	4	1	-	31	0,13
Brandenburg (seit 1992)	17	6	-	9	1,9
Bremen (seit 1947, Reform 1994)	9	3	-	54	0,17
Hamburg (seit 1996)	7	2	2	5	1,4
Hessen (seit 1946)	4	1	-	55	0,07
Mecklenb.-Vorpommern (seit 1994)	14	-	-	7	2,0
Niedersachsen (seit 1993)	4	2	-	8	0,5
Nordrhein-Westfalen (seit 1950)	9	2	-	51	0,18
Rheinland-Pfalz (seit 1947, Reform 2000)	3	1	-	54	0,06
Saarland (seit 1979)	2	-	-	22	0,09
Sachsen (seit 1992)	9	3	1	9	1,0
Sachsen-Anhalt (seit 1992)	1	1	-	9	0,11
Schleswig-Holstein (seit 1990)	9	3	2	11	0,82
Thüringen (seit 1994)	4	3	-	7	0,57
Gesamt	*131*	*41*	*10*		*Durchschnitt:0,60*

Quelle: Rehmet 2002.

Unter dem Strich haben also nur wenige Initiativen die formalen Hürden überwinden können. Dieser Befund bedeutet jedoch nicht schon politische Erfolglosigkeit. Eine durchschlagende Wirkung hatte vor allem das gegen die „Kooperative Schule" in NRW gerichtete Volksbegehren der CDU-Opposition, das die 20-Prozent-Grenze weit überschritten hatte und gar nicht mehr zum Volksentscheid gebracht werden musste, weil die Regierung dem massiven Gegenvotum Rechnung trug. In einigen Fälle reichte auch bereits die Ankündigung eines Volksbegehrens für einen Veto-Effekt:

- Eine geplante Diätenerhöhung für Landtagsabgeordnete in Hessen wurde so 1988 durch die Ankündigung des Bundes der Steuerzahler verhindert.
- In NRW übernahm 1993/94 die SPD-Regierung die Forderung der Oppositionsparteien CDU und FDP nach einer kommunalen Verfassungsreform mit Direktwahl der Bürgermeister.
- In Rheinland-Pfalz ließ die SPD-Regierung den Plan für ein Transplantationsgesetz auf die Referendumsdrohung[2] der CDU-Opposition hin fallen.
- In Niedersachsen folgte die SPD-Regierung 1993/94 einer Aufforderung der Landeskirchen, eine Präambel mit Gottesbezug in die Verfassung aufzunehmen, als diese weit mehr als die für eine Volksinitiative erforderlichen Unterschriften präsentieren konnten.

Hohe Hürden insbesondere beim Volksbegehren dienen zweifellos dazu, Initiativen zu erschweren, und dieser Zweck wird offensichtlich auch erreicht. Ein Nebeneffekt besteht allerdings darin, dass sie am ehesten für Organisationen mit großer Mobilisierungskraft oder bei Themen mit großer Emotionalisierbarkeit überwindbar erscheinen. Insofern bilden hohe Hürden selbst eine Prämie auf Organisationskraft, etwa bei großen Oppositionsparteien, und im schlimmsten Fall gar eine „Prämie auf Demagogie". In Ländern mit niedrigeren Hürden (z. B. Schleswig-Holstein, Brandenburg) sind auch kleinere Gruppen außerhalb des Parlaments eher in der Lage, ein Thema auf dem Weg zum Volksbegehren und damit in die öffentliche Diskussion zu bringen.

2 Als einziges Bundesland kennt Rheinland-Pfalz die Referendumseinleitung durch die parlamentarische Opposition: beantragt ein Drittel des Landtages die Aussetzung der Verkündung eines Gesetzes, führt ein Volksbegehren mit 150.000 Unterschriften (ca. 5 %) zum Volksentscheid (Art. 114, 115 RhPfVerf).

Tabelle 6.4: Themenbereiche der durchgeführten Volksbegehren und Volksentscheide

Themenbereich	Volksbegehren		Volksentscheide
	Anzahl	*in %*	*Anzahl*
I. Wirtschaft (z.B. gesetzliche Feiertage, Ladenöffnungszeiten)	4	9,8	2
II. Soziales (z.B. Wohnungsbau, sozialverträgliche Mieten)	2	4,9	-
III. Bildung und Kultur (z.B. Rechtschreibreform, Schulen)	16	39,0	3
IV. Umwelt- und Verbraucherschutz, Gesundheit (z.B. Abfall, Energiepolitik)	2	4,9	1
V. Verkehr (z.B. Autobahnbau, ÖPNV)	2	4,9	-
VI. Demokratie, Innenpolitik, Staatsorganisation (z.B. Verfassungen, Direkte Demokratie, Gebietsreformen)	11	26,8	4
VII. Sonstiges	4	9,8	-
Gesamt	41	100,0	10

Quelle: Rehmet 2002

Leseempfehlungen

JUNG, Otmar: Abschluß und Bilanz der jüngsten plebiszitären Entwicklung in Deutschland auf Landesebene, in: *Jahrbuch des öffentlichen Rechts* Bd. 48 (2000), S. 39–85

KLAGES, Andreas / PAULUS, Petra: *Direkte Demokratie in Deutschland - Impulse aus der deutschen Einheit. Mit einem Vorwort von Ernst Gottfried Mahrenholz sowie einem Nachwort von Theo Schiller und Andreas Gross.* Marburg : Schüren, 1996

REHMET, Frank: Direkte Demokratie in den deutschen Bundesländern, in: SCHILLER, Theo / MITTENDORF, Volker (Hrsg.): *Direkte Demokratie – Forschung und Perspektiven.* Opladen : Westdeutscher Verlag, 2002

WEIXNER, Bärbel M.: *Direkte Demokratie in den Bundesländern. Verfassungsrechtlicher und empirischer Befund aus politikwissenschaftlicher Sicht.* Opladen : Leske + Budrich, 2002

Weitere Literatur

ARNIM, Hans H. von: *Vom schönen Schein der Demokratie.* München : Droemer und Knaur, 2000

JÜRGENS, Gunther: *Direkte Demokratie in den Bundesländern. Gemeinsamkeiten - Unterschiede - Erfahrungen. Vorbildfunktion für den Bund?* Stuttgart u. a. : Boorberg, 1993

JUNG, Otmar: Daten zu Volksentscheiden auf Landesebene (1946-1992), in: *Zeitschrift für Parlamentsfragen* Jg. 24 (1993), S. 4–13

JUNG, Otmar: Die Landesverfassungsreferenden des Jahres 1994, in: *Landes- und Kommunalverwaltung* (1999), Nr. 5, S. 319–321

JUNG, Otmar: Das Quorenproblem beim Volksentscheid. Legitimität und Effizienz beim Abschluß des Verfahrens der Volksgesetzgebung, in: *Zeitschrift für Politik* (1999), Nr. 9, S. 863–898

KLIEGIS, Brigitte / KLIEGIS, Ulrich G.: Der Volksentscheid über die Rechtschreibreform in Schleswig-Holstein 1998, in: HEUSSNER, Hermann K. / JUNG, Otmar (Hrsg.): *Mehr direkte Demokratie wagen.* München : Olzog, 1999 S. 287–306

7. Weimar – Ein Trauma verblasst

In jeder Diskussion über direkte Demokratie in Deutschland wird stereotyp auf angeblich „negative Weimarer Erfahrungen“ verwiesen. Mit „Weimar“ wird regelmäßig erklärt, warum das Grundgesetz für die Bundesebene keine direktdemokratischen Verfahren aufgenommen hat, und lange Zeit wurde mit diesem historischen Verweis auch vor der Einführung solcher Volksrechte für die Zukunft gewarnt. Die historische Forschung hat jedoch inzwischen so viel Aufklärungsarbeit geleistet, dass diese Argumentation nicht mehr aufrechtzuerhalten ist. Das betrifft zum einen die Weimarer Realität und die daraus abzuleitenden Schlussfolgerungen selbst, die man bereits dem 1971 erschienenen Grundlagenwerk von Reinhard Schiffers entnehmen konnte (vgl. jetzt auch Schiffers 1999, 2000, 2002). Zum anderen wurde auch die These, die „Weimarer Erfahrungen“ seien der wesentliche Faktor für die Abstinenz des Parlamentarischen Rates 1948/49 in Sachen Direkte Demokratie im Grundgesetz gewesen, weitgehend in Frage gestellt (Jung 1994). Die politische Entwicklung in den 90er Jahren in Deutschland lässt erkennen, dass die politische Sperrwirkung des Weimar-Arguments offenbar auch in der Praxis an Bedeutung verloren hat.

7.1 Direktdemokratische oder plebiszitäre Verfahren?

Die Weimarer Verfassung von 1919 enthielt ein kompliziertes Gemisch an Verfahrensarten, die in der hier vertretenen Terminologie einerseits dem direktdemokratischen, andererseits dem plebiszitären Formenkreis zugehören. Die Weimarer Verfassungsgebung war kontroversen Zielsetzungen unterworfen: erstmals sollte in Deutschland die parlamentarische Demokratie verwirklicht werden, doch waren antiparlamentarische Ge-

genströmungen aus konservativer Tradition nach wie vor stark. So wurde ein direkt gewählter Reichspräsident mit starken Eingriffsmöglichkeiten gegenüber Regierung und Parlament in das System eingebaut. Die Volksrechte entstanden also auf einem widerspruchsvollen Hintergrund:

„Zu dem Hauptargument, die direktdemokratische Beteiligung als Korrektiv des Parlaments einzusetzen, kamen die Motive, mit ihr die Exekutive zu stärken, ihren erzieherischen Wert und ihre besondere demokratische Substanz zu nutzen, dem Rätegedanken entgegenzuwirken und eine verbreitete radikaldemokratische Unterströmung aufzufangen. Übereinstimmung besteht heute darin, dass die Einfügung direktdemokratischer Verfahren in die Reichsverfassung von 1919 das Ergebnis eines Kompromisses zwischen sehr verschiedenen und zum Teil einander entgegengesetzten Bestrebungen war" (Schiffers 1999, S. 43).

Daher bedarf es einer klaren Differenzierung der Hauptmerkmale der verschiedenen Verfahren, die in Art. 73 bis 76 der Weimarer Verfassung vorgesehen waren. Nach unseren Definitionen werden direktdemokratische Verfahren „von unten" oder aus Minderheitspositionen ausgelöst, während die Auslösung durch Inhaber von Machtpositionen (Präsident, Regierung, Parlamentsmehrheit) als „plebiszitär" bezeichnet wird.

Tabelle 7.1: Weimarer Verfahrensspektrum

Direktdemokratische Verfahren	*Plebiszitäre Verfahren*
- Volksbegehren (10 %-Quorum) - Volksentscheid *(Art. 73 Abs. 3 WeimarVerfass.)* - Volksentscheid als Gesetzesreferendum (ein Drittel des Reichstages initiiert Volksbegehren mit 5 Prozent der Stimmberechtigten) - Beteiligungsquorum jeweils 50 % der Stimmberechtigten *(Art. 72, 73 Abs. 2, 75)*	- Reichspräsident löst Volksentscheid aus (Gesetzesreferendum) *(Art. 73 Abs. 1)* - RPräs. kann Volksentscheid über Haushaltsplan, Abgabengesetze und Besoldungsordnungen veranlassen *(Art. 73 Abs. 4)* - RPräs. kann bei Dissens zwischen Reichstag und Reichsrat Volksentscheid anordnen *(Art. 74 Abs. 4)* - Beteiligungsquorum jeweils 50 % *(Art. 75)*

Verfassungsänderungen konnten ebenfalls durch Volksbegehren und Volksentscheid vollzogen werden, wobei ein Zustimmungsquorum von 50 Prozent der Stimmberechtigten galt (Art. 76 Abs. 1 S. 2). Außerdem konnte der Reichsrat Einspruch gegen eine Verfassungsänderung des

Reichstages erheben und einen Volksentscheid verlangen (Art. 76 Abs. 2). Außer Volksbegehren und anschließendem Volksentscheid spielten die meisten dieser Verfahren in der Praxis keine Rolle, insbesondere kam es nicht zu einem Gesetzesreferendum durch ein Drittel des Reichstages und zu den durch den Reichspräsidenten auslösbaren Volksentscheiden.

Für Volksbegehren und Volksentscheid war ein Ausführungsgesetz erforderlich, das aber erst im Juni 1921 in Kraft trat (Ausführungsverordnung erst Dez. 1921). Die ohnehin nicht einfachen Verfahrensbedingungen versuchte man 1926 noch massiv durch einen Gesetzentwurf zu verschlechtern, der den Initiatoren die Kosten der Verfahrensdurchführung weitgehend aufgebürdet hätte. Dieses „Abdrosselungsgesetz" während der Debatte über das Volksbegehren zum Aufwertungsgesetz kam allerdings im Ergebnis nicht zustande (Schiffers 1971, S. 206 ff.).

Verfahrensregelungen direktdemokratischer und plebiszitärer Art gab es nicht nur auf Reichsebene, sondern auch in vielen Ländern und auf der kommunalen Ebene (Schiffers 1971; Witte 1997). Auf beiden Ebenen bestand zusätzlich die Möglichkeit, Volksbegehren zur Parlamentsauflösung zu betreiben. Dabei handelt es sich streng genommen um eine Regelung innerhalb des Repräsentativsystems (Abwahl von Repräsentanten), die den antiparlamentarischen Akzent in der Gründungsphase der Weimarer Republik anzeigt. In der Praxis wurde gerade dieses Instrument stark genutzt. So verfolgten von den 27 erwogenen bzw. angekündigten Volksbegehren in den Ländern die große Mehrzahl, nämlich 19, das Ziel der Landtagsauflösung (Schiffers 1971, S. 244-246). Auch auf Kommunalebene dominierten diese Auflösungsbegehren gegenüber den Gemeindevertretungen (Engeli 1985; Witte 1997). Existenz und Nutzung des Auflösungsbegehrens verweisen auf die noch schwache Institutionalisierung des parlamentarischen Repräsentationssystems bei gleichzeitiger scharfer parteipolitischer Polarisierung. Sie sind im Rahmen des Repräsentativsystem mindestens ambivalent, wenn nicht kontraproduktiv. Einwände gegen direkte Demokratie durch Sachabstimmungen lassen sich daraus jedoch nicht herleiten.

7.2 Volksbegehren und Volksentscheide in der Praxis

Volksbegehren (als Gesetzesinitiative) wurden auf Reichsebene zwischen 1919 und 1933 zwar relativ häufig erwogen, aber nur selten zu Ende geführt. Von den 33 erwogenen bzw. angekündigten Volksbegehren wurde nur in 13 Fällen das Zulassungsverfahren (Vorlage von 5000 Unterschriften) eingeleitet, das in 5 Fällen explizit negativ, nur in vier Fällen positiv verlief. Da ein Antrag (Reichsbund für Siedlung und Pacht, 1923) nicht weiterverfolgt wurde, kam es nur bei drei Volksbegehren zum Eintragungsverfahren (Hürde: 10 Prozent der Stimmberechtigten der letzten Reichstagswahl, ca. 4 Mio. Stimmen), und nur zwei davon kamen zum Volksentscheid. (Übersichten bei Schiffers 1971, S. 244-246). Auch diese beiden Verfahren blieben in der Abstimmung erfolglos: Der von der Linken herbeigeführte Entscheid zur *„Fürstenenteignung"* (1926) und der von der Rechten angestrengte Volksentscheid gegen den *„Young-Plan"* (1929) zur Regelung der deutschen Reparationszahlungen.

Tabelle 7.2: Durchgeführte Volksentscheide

	Fürstenenteignung (1926)	*Young-Plan (1929)*
Stimmbeteiligung	39,6 %	14,9 % (6,3 Mio.)
Ja	14,4 Mio. (96,1 %)	5,8 Mio. (94,5 %)
In Prozent der Stimmberechtigten	36,3 %	13,8 %
Nein	0,6 Mio. (3,9 %)	0,3 Mio. (5,5 %)
Beteiligungsquorum	50 % (ca. 20 Mio.)	50 % (ca. 20 Mio.)
Wahlbeteiligung letzte Reichstagswahl	1924: ca. 30,3 Mio.	1928: ca. 31,6 Mio.

Quelle: Schiffers 1971; Jung 1989.

Fürstenenteignung 1926: Die Klärung der Vermögensverhältnisse der bis 1918 in Deutschland regierenden Fürsten war ein in der Phase der Gründung und Verfassungsgebung der Republik unerledigt gebliebenes Thema. Ein SPD-Gesetzentwurf von 1925 zur Fürstenenteignung mit gewissen Entschädigungsregelungen wurde von der KPD mit einem Entwurf für entschädigungslose Enteignung überholt, dem sich die SPD schließlich für ein Volksbegehren anschloss. Da Kompromissentwürfe der politischen Mitte an der DNVP scheiterten, kam keine Parlamentslösung zustande. Im Volksentscheid im Juni 1926 konnte die Linke 14,4

Mio. Stimmen mobilisieren, also knapp die Hälfte der Wahlbeteiligten 1924. Das entsprach aber nur 36,3 Prozent aller Stimmberechtigten, so dass das Beteiligungsquorum von 50 Prozent (ca. 20 Mio.) nicht erreicht und der Entwurf gescheitert war. Exemplarisch lässt sich hieran ablesen, dass für die Gegner ein Boykottaufruf die beste Strategie darstellt: denn der Volksentscheid hätte dann Gültigkeit erlangt, wenn auch ca. 5,5 Mio. *Nein-Stimmen* abgegeben worden wären. Politisch stärkte der Volksentscheid eher die republikfreundlichen Kräfte bis in die politische Mitte hinein.

„Young-Plan" 1929: Der Plan, der die Reparationsregelungen des Dawes-Plans von 1924 ablösen und abmildern sollte, rief wegen der langen Dauer der Reparationsbelastung und der hohen Tilgungsraten scharfe Kritik von Rechts hervor. In einem „Reichsausschuss für das deutsche Volksbegehren" schlossen sich in dieser Formation erstmals die Deutschnationalen (DNVP), Stahlhelm, Alldeutsche, Reichslandbund und kleinere Rechtsgruppen mit der NSDAP zusammen und verlangten in einem Gesetzentwurf „gegen die Versklavung des Deutschen Volkes" weit über den Reparationsplan hinaus den Widerruf der Kriegsschuldfeststellung des Versailler Vertrages, die Räumung der besetzten Gebiete, die Bestrafung der Regierungsmitglieder als Landesverräter usw. Angesichts der massiven Republikfeindlichkeit der gesamten Agitation war an eine parlamentarische Kompromissbildung, zumal mit der großen Koalition unter Reichskanzler Müller (SPD), überhaupt nicht zu denken. Im Volksentscheid im Dezember 1929 stimmten 5,8 Mio. zu, also 13,8 Prozent aller Stimmberechtigten (Abstimmungsbeteiligung 14,9 Prozent, 94 Prozent Ja-Stimmen). Auch hier wurde das Beteiligungsquorum von 50 Prozent weit verfehlt, der Boykotteffekt war sehr viel größer als die Zahl der Nein-Stimmen. Die Parteien der „nationalen Opposition" konnten ihr Stimmenpotential bei der Reichstagswahl von 1928 nur zu knapp 85 Prozent ausschöpfen. Die Erfolge der Agitation und der politischen Koalitionsformierung, insbesondere für Hitlers NSDAP, übertrafen jedoch die Abstimmungsniederlage bei weitem.

Betrachtet man diese direktdemokratischen Verfahren als politischen Prozess, so zeigt sich, dass die wichtigeren Volksbegehren überwiegend von Parteien getragen oder wesentlich unterstützt wurden. Bei Initiativen, die in der Anfangsphase stecken blieben, spielten Verbände, insbesondere des Mittelstandes, oder Koalitionen kleinerer Interessengruppen eine größere Rolle (zu Aufwertung 1925/27, Panzerkreuzer 1928 usw. vgl.

Jung 1989; Schiffers 1971, S. 211 ff.). Auch die Struktur der öffentlichen Abstimmungsdebatten war demzufolge weithin parteipolitisch geprägt. Dabei ist die damalige Presselandschaft mit zu berücksichtigen, die noch stark durch den Typus der Partei- und Richtungspresse charakterisiert war. Als Extrembeispiel ist insbesondere Alfred Hugenberg mit seinem außerordentlich einflussreichen Pressekonzern zu nennen, der zugleich als Vorsitzender der Deutsch-Nationalen Volkspartei (DNVP) vor allem beim Volksbegehren gegen den Young-Plan seine Pressemacht in die Agitation werfen konnte.

Wenngleich keine der Gesetzesinitiativen durch Volksbegehren durch Übernahme des Entwurfs durch die Parlamentsmehrheit oder im Volksentscheid einen vollen Erfolg erreichen konnte, sind einige doch nicht ohne sachpolitische Auswirkungen geblieben. So wird die breite Mobilisierung für die „Fürstenenteignung" als wichtiger Impuls für Verhandlungen angesehen, die dann im Oktober 1926 zu einem Vergleich zwischen Preußen und dem Haus Hohenzollern führten. Selbst die gescheiterten Aufwertungsbegehren brachten kleine Korrekturen des Aufwertungsgesetzes von 1925 (Schiffers 2000, S. 56 f.; Schüren 1978).

Die zentrale Kritik an den Volksrechten der Weimarer Republik richtet sich indes darauf, Volksbegehren und Volksentscheid hätten den extremistischen Kräften Agitationsgelegenheiten geboten, die die Destabilisierung der Republik gefördert hätten. Für die Initiativen Mitte der 20er Jahre einschließlich der Kampagne zur Fürstenenteignung kann das offenbar in weiten Teilen nicht aufrechterhalten werden. Bis 1923 spielten sich die antirepublikanischen Aktionen ohnehin in anderen Formen ab, nicht zuletzt in Form von Aufstands- und Putschversuchen. Auch die Parlamentswahlen wurden selbstverständlich von extremistischen Parteien zur Agitation genutzt. Die weitreichenden Folgen der großen Wirtschaftskrise und Inflation von 1923 wurden dann von zahlreichen wirtschaftlichen Interessengruppen sowohl mit Parteigründungen als auch mit (erfolglosen) Initiativen für Volksbegehren beantwortet. Die Aufwertungsbegehren (1925/27) trugen durchaus zu einer sachpolitischen Kanalisierung mittelständischer Existenzprobleme bei. Insgesamt ist die wirtschaftspolitische Stabilisierungsperiode der Republik Mitte der 20er Jahre nicht durch republikschädigende Volksbegehrenskampagnen konterkariert worden.

Ein markantes Gegenbeispiel bildet sicher das Volksbegehren von rechts gegen den Young-Plan 1929. Es wurde von den nationalistischen Kräften zum ersten Mal gemeinsam mit der NSDAP zu einer beispiellosen Hetzkampagne gegen die Republik, die bestehende Große Koalition und die internationale Reparationspolitik genutzt. Das ist freilich auch bei Wahlen auf Landes- und auf Reichsebene geschehen, so bei der Reichstagswahl von 1930, die der NSDAP sprunghafte Stimmengewinne zu Lasten der Deutschnationalen, des katholischen Zentrums und der Rechtsliberalen brachte. Der Hauptfaktor für diese Dynamik ist wohl nicht die Volksbegehrensagitation gewesen, sondern die Koalitionsbildung der DNVP Hugenbergs mit Hitler in der „Harzburger Front", die dann in den Folgejahren bis zur Errichtung einer Regierungskoalition unter Hitler im Januar 1933 so fatale Folgen zeitigen sollte. In einer solchen Parteienkonstellation sind alle demokratischen Institutionen dem Missbrauch und der Destabilisierung ausgesetzt, repräsentative ebenso wie direktdemokratische, die Pressefreiheit ebenso wie das Wahlrecht. Es ist kein Zufall, dass in dieser durch Parteienpolarisierung geprägten Schlussphase der Weimarer Republik (wie schon in den Anfangsjahren) auch das Instrument der Parlamentsauflösung durch Volksbegehren auf Landes- und Kommunalebene (von rechts) besonders häufig eingesetzt wurde. Das gemeinsam von KPD und NSDAP betriebene Auflösungsbegehren in Oldenburg Ende 1931 führte dort sogar zur ersten absoluten Regierungsmehrheit der Nationalsozialisten. Auch die Reichspräsidentenwahl zwischen Hindenburg und Hitler 1932 bot der NSDAP Gelegenheit zu weiterer Mobilisierung. Nur in der Betrachtung dieses Gesamtprozesses der „Auflösung der Weimarer Republik" (Bracher 1978) wird man, neben vielen anderen strukturellen Faktoren, den Anteil einzelner Institutionen der Weimarer Demokratie angemessen beurteilen können.

7.3 Weimar-Trauma und Grundgesetz

Das Grundgesetz der Bundesrepublik Deutschland von 1949 hatte zwar statuiert, dass die vom Volk ausgehende Staatsgewalt „durch Wahlen und Abstimmungen" (und weitere Organe) ausgeübt werde (Art. 20 Abs. 2), jedoch außer dem obligatorischen Referendum für eine Neugliederung der Bundesländer (Art. 29) keine direktdemokratischen Verfahren explizit vorgesehen. Diese Abstinenz des Parlamentarischen Rates ist lange Zeit reflexhaft auf „Weimarer Erfahrungen" zurückgeführt worden, zumal mit dem Wort des Kronzeugen Theodor Heuss, Volksbegehren seien „in der Zeit der Vermassung und Entwurzelung, in der großräumigen Demokratie die Prämie für jeden Demagogen". In den Protokollen des Parlamentarischen Rates finden sich allerdings keine ausführlichen Erörterungen über Weimarer Erfahrungen. Neuere Forschungen, insbesondere die Arbeiten von Otmar Jung (1994 und andere), zeigen inzwischen ein anderes Bild. So haben die ersten Landesverfassungen 1946 und 1947 direktdemokratische und plebiszitäre Lösungen aufgenommen, die stark am Weimarer Vorbild orientiert waren. Auch während der Arbeit des Parlamentarischen Rates wurden Vorschläge in diese Richtung durchaus diskutiert. Als intervenierender Faktor wurde offenbar der Kalte Krieg wirksam, der ohnehin den Hintergrund der deutschen Teilung und doppelten Staatsgründung bildete. Die von SED und KPD initiierten Volksbegehrens-Kampagnen „für die Einheit Deutschlands" rückten die direktdemokratischen Verfahren in die Gefahrenzone des politischen Gründungskonflikts des neuen westdeutschen Staates. Aus dieser Konfliktlage speisten sich offenbar bei der Mehrheit, nicht zuletzt bei der SPD, die Motive der Ablehnung der Instrumente direkter Demokratie. Dies führte in Verbindung mit dem propagierten Provisoriumscharakter des neuen Staates auch zur Ablehnung eines Gründungsreferendums zur Billigung der neuen Verfassung. Jung hat vorgeschlagen, diese Position historisch als „Quarantänekonzept" zu verstehen, demzufolge für eine gewisse Zeit politische Ansteckungsgefahren und Übertragungswege abgeblockt werden müssten. Diese Deutung würde spätestens 50 Jahre später und nach wiederhergestellter deutscher Einheit dazu führen, dass die damaligen Motive der Abstinenz historisch überholt sind. Aber auch das Weimarer Trauma, das schon bei der Entstehung des Grundgesetzes eine allenfalls nachrangige Rolle spielte, ist mit Recht verblasst.

Leseempfehlungen

JUNG, Otmar: *Direkte Demokratie in der Weimarer Republik. Die Fälle „Aufwertung", „Fürstenenteignung", „Panzerkreuzerverbot" und „Young-Plan"*. Frankfurt a. M./New York : Campus, 1989

JUNG, Otmar: *Grundgesetz und Volksentscheid. Gründe und Reichweite der Entscheidungen des Parlamentarischen Rates gegen Formen direkter Demokratie.* Opladen : Westdeutscher Verlag, 1994

SCHIFFERS, Reinhard: *Elemente direkter Demkratie im Weimarer Regierungssystem.* Düsseldorf : Droste, 1971

SCHIFFERS, Reinhard: „Weimarer Erfahrungen": Heute noch eine Orientierungshilfe?, in: SCHILLER, Theo / MITTENDORF, Volker (Hrsg.): *Direkte Demokratie. Forschung und Perspektiven.* Wiesbaden : Westdeutscher Verlag, 2002

Weitere Literatur

BRACHER, Karl D.: *Die Auflösung der Weimarer Republik: eine Studie zum Problem des Machtverfalls in der Demokratie.* 5. Aufl. Königstein/Ts. : Athenäum, 1978

ENGELI, Christian: Volksbegehren und Volksentscheid im Kommunalverfassungsrecht der Weimarer Zeit, in: *Archiv für Sozialgeschichte* Jg. 25 (1985), S. 299–331

MEINEKE, Stefan: Die Weimarer Erfahrungen mit der Volksgesetzgebung: Bilanz der Forschung und Kritik neuerer Revisionsversuche., in: *Jahrbuch für Politik* (1994), S. 105–156

MILATZ, Alfred: *Wähler und Wahlen in der Weimarer Republik.* Bonn : Bundeszentrale für politische Bildung, 1965

SCHÜREN, Ulrich: *Der Volksentscheid zur Fürstenenteignung 1926. Die Vermögensauseinandersetzung mit den depossedierten Landesherren als Problem der deutschen Innenpolitik unter besonderer Berücksichtigung der Verhältnisse in Preußen.* Düsseldorf : Droste, 1978

WITTE, Jan: *Unmittelbare Gemeindedemokratie der Weimarer Republik. Verfahren und Anwendungsausmaß in den norddeutschen Ländern.* Baden-Baden : Nomos, 1997 (Hannoversches Forum der Rechtswissenschaften 2)

8. Die Kommunen: Ein Praxisbeispiel[1]

Auch auf kommunaler Ebene gibt es europaweit eine Vielfalt direktdemokratischer Einrichtungen. Einerseits werden in kleinen Kommunen noch Formen der Versammlungsdemokratie praktiziert – insbesondere in der Schweiz bildet noch in mehr als der Hälfte der ca. 3.000 Gemeinden die Gemeindeversammlung das oberste Organ. Andererseits ist es vor allem die modernere abstimmungdemokratische Variante, die in vielen Ländern Europas auch kommunal zur Anwendung kommt. Während in der Schweiz das Städtewachstum dazu führte, dass Referenden – zunächst als „Ersatzrechte" für die Versammlung – zusammen mit Parlamenten etabliert wurden, wurden in den anderen Ländern Abstimmungsverfahren meist als Ergänzung zur bereits zuvor bestehenden repräsentativen Demokratie eingeführt. Dies hat eine unterschiedliche Einstellung zur Bedeutung der Verfahren zur Folge. Eine Untersuchung des Politikwissenschaftlers Silvano Möckli im Auftrag des Europarates (1994) verzeichnet auf Ebene der Städte und Gemeinden Formen des obligatorischen Referendums in neun von 28 untersuchten Staaten. Ebenfalls neun Staaten kennen die Volksinitiative, jedoch mit sehr unterschiedlichem Restriktionsgrad. Weitere Abstimmungsrechte existieren darüber hinaus in 19 Staaten – nur z. T. als fakultative Referenden, überwiegend jedoch als Plebiszite. Zudem kommen Plebiszite ohne formale gesetzliche Grundlage in den Gemeinden von zehn europäischen Staaten zur Anwendung. Insgesamt lässt sich jedoch feststellen, dass es europaweit vermutlich eine große Anzahl an praktischen Anwendungsfällen gibt, über die nur vergleichsweise wenig Information zur Verfügung steht.

In den vergangenen Jahren gab es in mehreren europäischen Staaten einen Trend zur Einführung von direkter Demokratie in den Kommunen. Neben Deutschland wurden unter anderem in Italien und den Niederlanden kommunale Referenden ermöglicht. In Deutschland wur-

1 Autor dieses Kapitels: Volker Mittendorf.

Abbildung 8.1: Häufigkeit von Bürgerbegehren

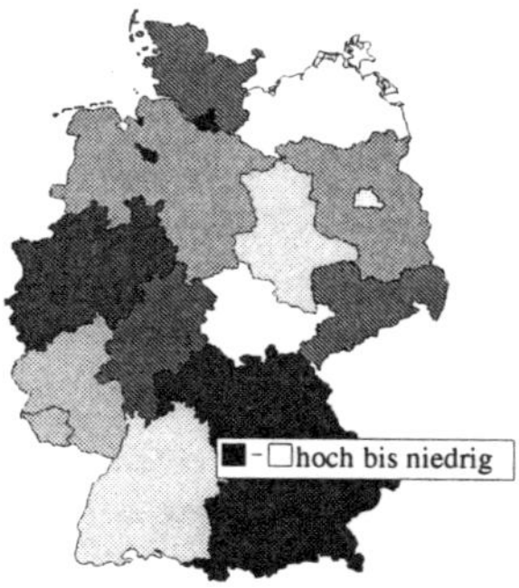

Abbildung 8.2: Durchschnittliche Gemeindegröße

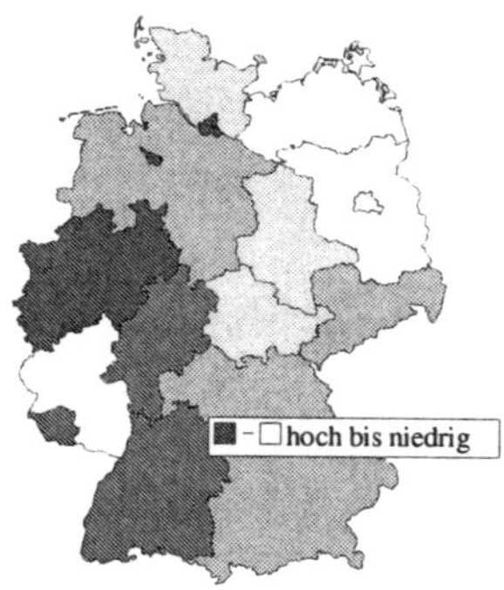

Abbildung 8.3: Einleitungsquoren

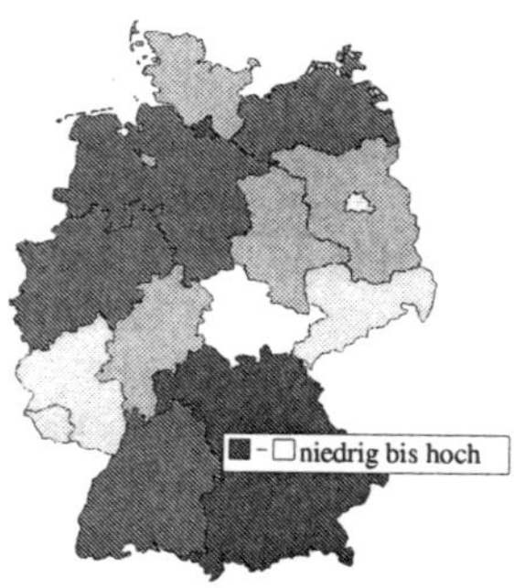

Abbildung 8.4: Themenrestriktion

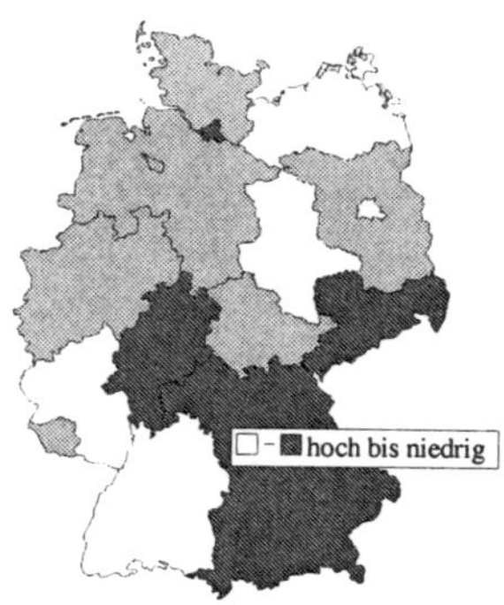

den seit 1990 in allen Bundesländern Bürgerbegehren und Bürgerentscheid als kommunale Form von Volksbegehren und Volksentscheid eingeführt. Auslöser waren die Barschel-Affäre in Schleswig-Holstein und die Reformprozesse, die durch die Wiedervereinigung angestoßen wurden. Zuvor hatte es Bürgerbegehren nur in Baden-Württemberg gegeben (seit 1956). Der Stadtstaat Hamburg führte 1998 auf der Ebene der Bezirke Bürgerbegehren und Bürgerentscheid ein, so dass lediglich Berlin als Stadtstaat derzeit keine direktdemokratischen Verfahren unterhalb der Landesebene vorsieht. Dem Design von Bürgerbegehren und Bürgerentscheid in Deutschland stand dabei im Allgemeinen das restriktive Modell Baden-Württembergs Pate. Der Restriktionsgrad wurde in der Mehrzahl der Fälle verringert (Ausnahme: Thüringen). Die Länder unterscheiden sich jedoch in ihrem Restriktionsgrad mitunter erheblich. Den geringsten Restriktionsgrad sehen Hamburg und Bayern vor, wo die Verfahren selbst durch Volksbegehren und Volksentscheid durchgesetzt wurden. In den anderen Ländern, in denen die Länderparlamente Gesetze beschlossen, sind die Quoren meist höher und die Themenausschlüsse umfassender.

Vergleicht man die Häufigkeit der in den Ländern eingeleiteten Begehren mit der durchschnittlichen Gemeindegröße (siehe Abbildung 8.1 und 8.2 auf der vorherigen Seite), so werden im Großen und Ganzen Bürgerbegehren umso häufiger eingereicht, je größer die Kommune ist (z. B. Hamburg und Nordrhein-Westfalen). Dies ist auch insoweit plausibel, als die Anzahl der Probleme mit der Gemeindegröße zunimmt (auch die Parlamente tagen in größeren Städten häufiger als in kleinen Gemeinden). Darüber hinaus hängt die Häufigkeit aber auch von den Quoren und den Themen ab, über die ein Bürgerbegehren überhaupt stattfinden darf. Beispielsweise werden in Nordrhein-Westfalen, wo sich die knapp 17 Millionen Einwohner auf 396 Gemeinden aufteilen, pro Gemeinde im Durchschnitt weniger Begehren eingereicht (ca. alle 13 Jahre) als in Bayern, wo bei 12 Millionen Einwohnern in 2.056 Gemeinden der Größendurchschnitt der Kommunen wesentlich geringer ist (ca. alle zehn Jahre). Gleichzeitig wurde seit 1995 in jeder bayerischen Großstadt mindestens ein Begehren eingeleitet, in Nordrhein-Westfalen nicht.

Doch nicht nur die Anzahl, wie viele Begehren stattfinden, wird durch die Verfahrensordnung beeinflusst, sondern auch die Durchführung eines Bürgerbegehrens bzw. eines Bürgerentscheids ist von den Details der Regelung bestimmt. Im Folgenden soll deshalb ein fiktiver, aber realistischer Fall eines Bürgerbegehrens beschrieben werden:

Kein Megamarkt in Bürgerburg

Prolog

In der fiktiven Stadt Bürgerburg leben 40.000 Einwohner (30.000 Wahlberechtigte). Bürgermeister Schultheiß möchte ein neues Gewerbege-

Tabelle 8.1: Themenrestriktionen

Positivkatalog	*Negativkatalog*
Gegenstände, über die ein Bürgerbegehren stattfinden kann. Formulierungsbeispiele (z. B. Baden-Württemberg, Mecklenburg-Vorpommern, Rheinland-Pfalz): – Wichtige Gemeindeangelegenheiten – öff. Einrichtungen, die der Gesamtheit der Einwohner zu dienen bestimmt sind – Änderung der Gemeinde-(Landkreis-) grenzen – Evtl. weitere Gegenstände, die durch (Haupt-)Satzung bestimmt werden können.	Gegenstände, über die kein Begehren stattfinden darf. Formulierungen u.a.: Standard (Hamburg): – gesetzwidrige Ziele – HH-Satzung – Rechtsmittelverfahren – Personalentscheidungen Erweiterungen: – Weisungsangelegenheiten und alleinige Zuständigkeiten des (Ober-) Bürgermeisters – innere Organisation der Verwaltung – Rechtsverhältnisse der Amtsträger & Gemeindebediensteten – Gemeindeabgaben – Tarifgestaltung öff. Betriebe – Gemeindeabgaben – Verfügung über Vermögen – Bebauungspläne – andere Beteiligungsverfahren – Einvernehmen zu Baugesuchen – sonstige Satzungen Darunter haben Gemeindeabgaben (Alle Länder außer Bayern), Baurechtliche und Planungsrechtliche Ausschlüsse (in den meisten Ländern außer Bayern, Hessen, Sachsen und Sachsen-Anhalt) sowie andere Satzungen (ausgeschlossen in Thüringen und Bremerhaven) den größten Einfluss auf die Anwendbarkeit von Bürgerbegehren.

Liste von Themenbeschränkungen. Der Umfang differiert in den Gemeindeordnungen. Genauere Informationen: http://www.forschungsstelle-direkte-demokratie.de, http://www.buergerbegehren.de

biet im Wiesental ausweisen, u. a. um die Gewerbesteuereinnahmen zu erhöhen und weil er hofft, Arbeitsplätze neu zu schaffen. Er hofft, dass die finnische Heimwerkermarktkette MEGA eine Niederlassung eröffnen wird. Kurz vor Weihnachten werden die Pläne bekannt und stoßen

Tabelle 8.2: Quoren der Bürgerbegehren nach Ländern

Bundesland (Jahr der Einführung / Reform)	Bürgerbegehren		Bürgerentscheid
	Einleitungsquorum	Frist bei Korrekturbegehren	Zustimmungsquorum
Baden-Württ. (1956;1976,1999)	ca. 5 - 10%	4 Wochen	30%
Bayern (1995,1997, 1999)	3 - 10%	Keine	10-20%
Brandenburg (1993)	10%	6 Wochen	25%
Stadt Bremen (1994)	10%	3 Monate	25%
Bremerhaven (1996)	10%	6 Wochen	30%
Hamburg (1998)	2-3%	6 Monate	Keines
Hessen (1993)	10%	6 Wochen	25%
Mecklenburg-Vorpommern (1994,1999)	ca. 5 - 10%	6 Wochen	25%
Niedersachsen (1996, 1999)	ca. 8 - 10%	3 Monate-6 Monate	25%
Nordrhein-Westfalen (1994,2000)	3 - 10%	6 Wochen-3 Monate	20%
Rheinland-Pfalz (1994)	ca. 6 - 15%	2 Monate	30%
Saarland (1997)	ca. 5 - 15%	2 Monate	30%
Sachsen (1993, 1999)	15 %	2 Monate	25%
Sachsen-Anhalt (1993)	ca. 5 - 15%	6 Wochen	30%
Schleswig-Holstein (1990)	10%	4 Wochen	25%
Thüringen (1993)	20%	1 Monat	25%

Z.T. Absolutzahlen in Prozentzahlen umgerechnet; in Sachsen kann das Quorum per Hauptsatzung auf bis zu 5% gesenkt werden.

Quelle: Schiller 2000

auf ein gemischtes Echo: Denn zwischen dem neuen Gewerbegebiet und der Bundesstraße liegt das Bebauungsgebiet „Talviertel". Die Anwohner befürchten eine Zunahme des Durchgangsverkehrs und damit verbunden: Lärm, eine Gefährdung der Kinder und eine Wertminderung ihrer Grundstücke. Außerdem möchte die Bürgerinitiative „Grüner Haingrund" ein Biotop im angrenzenden Bereich ausweisen lassen. Dieses Biotop sieht sie durch das Gewerbegebiet bedroht. Schließlich befürchten einige Einzelhändler in der Innenstadt, dass ihre Kunden auf das neue Gewerbegebiet ausweichen würden und dass damit ihre Existenz bedroht wäre. Auf einem Elternabend ist das neue Gebiet auch Gesprächsstoff für den Einzelwarenhändler, Herrn Kaufmann, für Herrn Nachbar, der eben erst seinen Neubau im Talviertel fertiggestellt hat und für Frau Wiesner, Sprecherin der Bürgerinitiative. Alle drei stellen fest, dass sie – wenn auch aus unterschiedlichen Gründen – gegen das neue Gewerbegebiet sind. Während man am Anfang noch feststellt, dass „die da oben" ja doch tun, was sie wollen, bringt Frau Wiesner bald zur Sprache, ob man nicht ein Bürgerbegehren einleiten könne. Ein solches sei kürzlich in der Kreisstadt des Nachbarkreises initiiert worden, u.a. von Mitgliedern eines Umweltverbandes, mit welchen sie in Kontakt steht.

⟹ Hohe Quoren erschweren die Anwendung von Bürgerbegehren in Großstädten. In kleinen und Kleinstgemeinden kommt es hingegen selten zur Einreichung von Bürgerbegehren. Daher stellen Städte um die 30.000 Einwohner in Bundesländern mit mittlerem bis hohem Restriktionsgrad die Regelgröße dar: Während z. B. in Hessen (10 % Antragsquorum) seit 1993 lediglich ein Bürgerbegehren in einer Großstadt zur Abstimmung kam, ein weiteres unzulässig war, fanden in jeder bayerischen Großstadt (minimal 3 % Quorum für München) seit 1995 mindestens ein, meist jedoch mehrere Bürgerbegehren statt.

⟹ Die überwiegende Anzahl der Bürgerbegehren (zwischen 80 und 92 %) richten sich als fakultative Referenden gegen einen getroffenen Beschluss (Korrekturbegehren). Initiativbegehren sind entsprechend seltener.

⟹ Hier wurde ein Gewerbegebiet ausgewählt, weil Bebauungsplanung einer der wichtigsten kommunalen Politikbereiche ist. In vielen Ländern, darunter Nordrhein-Westfalen oder Schleswig-Holstein, wäre das dargestellte Bürgerbegehren ungültig. Dementsprechend ist der Anteil an Wirtschafts- und Wohnprojekten etwa in Schleswig-Holstein (10 % aller Begehren) geringer als in Hessen oder Bayern (je über 30 %)

⟹ Zweckkoalitionen wie die angedeutete stellen eher den Regelfall dar als die Durchsetzung parlamentarischer Oppositionspolitik durch einzelne Parteien. Während fast die Hälfte aller Begehren in Bayern (in kleineren Gemeinden) von Einzelpersonen initiiert wurde, handelt es sich in Hessen meist um neu gegründete Abstimmungsinitiativen wie die dargestellte. Parteien wirken in der Regel ab der Phase der Zulässigkeitserklärung und im Abstimmungskampf verstärkt mit. Sie stellen oft wichtige politische Ressourcen zur Verfügung, ohne die ein Begehren wenig Aussicht auf Erfolg hat.

1. Akt: Entscheidung im Parlament

Ende Januar beschließt das „Stadtparlament“, eine Änderung des Flächennutzungsplanes einzuleiten. Dieser soll nun Gewerbe im Wiesental ermöglichen. Gleichzeitig soll ein Bebauungsplan erarbeitet werden, der die Art der Nutzung vorschreibt – unter anderem mehrgeschossige und großflächige Überbauung sowie große Parkflächen. Frau Wiesner, Herr Kaufmann und Herr Nachbar haben sich in der Zwischenzeit mehrfach getroffen. Frau Wiesner hat die Unterstützung ihrer Initiative für ein Bürgerbegehren erhalten und herausgefunden, dass man bei Bürgerbegehren sehr auf die Details achten muss, da viele Begehren durch das Parlament für unzulässig erklärt werden. Herr Kaufmann hat daraufhin den Entwurf des Unterschriftenbogens seinem Anwalt vorgelegt und die Formulierung sowie die Gestaltung der Unterschriftenliste auf rechtliche Korrektheit überprüfen lassen. Da nur sechs Wochen für die Sammlung der Unterschriften zur Verfügung stehen, beginnt man am Tag nach dem Parlamentsbeschluss mit der Unterschriftensammlung, auch wenn sich weder Wiesner noch Kaufmann noch Nachbar, die jetzt als Vertrauenspersonen auf jedem Unterschriftenbogen stehen und damit Ansprechpartner für die Stadtverwaltung sind, über die Kosten im Klaren sind, die auf sie zukommen.

Man erwartet, dass Bürgermeister und Ratsmehrheit (die den direkt gewählten Bürgermeister unterstützt) die Formalitäten sehr genau prüfen und jeden Formfehler nutzen werden, den Antrag für unzulässig zu erklären.

⟹ Bei der Vorbereitung zu einem Bürgerbegehren sind viele Dinge zu beachten: Neben der Sammelfrist, die bei Korrekturbegehren meist sechs Wochen beträgt, sind dies die Fragestellung, meist ein Kostenvoranschlag und Formalitäten zur Gestaltung der Unterschriftenlisten (u. a. Benennung von Vertrauenspersonen, Gestaltung der Adressfelder etc.).
⟹ In unserem Beispielland (Hessen) sind die Initiatoren auf sich gestellt. In anderen Bundesländern, darunter Nordrhein-Westfalen, leistet die Stadtverwaltung beratend Hilfe.
⟹ Anders als in der Schweiz, wo Referenden seit jeher als legitime Überprüfung von Parlamentsbeschlüssen verstanden werden, müssen Begehrensinitiatoren in Deutschland viel rechtliches Wissen einbringen, um einen rechtlich beständigen Antrag zu formulieren. Das stellt bereits hohe Anforderungen an die Ressourcen von kleineren Initiativen.
⟹ Häufig helfen daher Verbände, die dem Anliegen nahe stehen, wie etwa Umweltverbände, Gewerkschaften, Gewerbeverbände etc., damit ein Begehren die ersten Hürden überspringen kann.

2. Akt: Unterschriftensammlung

Eine Zustimmung der „Werbegemeinschaft Altstadt", der er angehört, konnte Kaufmann nicht erreichen, da man Bedenken gegen eine Zusammenarbeit mit politischen Bürgerinitiativen hegt. Man befürchtet, von einer politischen Partei oder Richtung vereinnahmt zu werden. Es wurde aber beschlossen, die Mitglieder zu ermutigen, die Unterschriftenlisten in den Geschäften auszulegen. Die Treffen des Organisationskomitees werden derweil immer besser besucht. Neben Anwohnern des Talviertels, die sich bereit erklären, im Viertel von Haus zu Haus zu gehen und in der Innenstadt an Informationsständen Unterschriften zu sammeln, nehmen jetzt auch Fraktionsmitglieder von zwei Oppositionsparteien an den Treffen teil und versprechen, das Begehren inhaltlich zu unterstützen. Mangelndes Geld wird durch viele Stunden ehrenamtliches Engagement ersetzt, lediglich die Druckkosten für Unterschriftenlisten, Flugblätter und Genehmigungsgebühren (für die Info-Stände) müssen durch Umlage aufgebracht werden. Die Unterschriftensammlung an den Ständen verläuft gut, jedoch stellt sich heraus, dass die Infostände sehr aufwändig sind und als alleinige Aktivität für die Unterschriftensammlung kaum ausreichen würden. Da erweist es sich als gut, dass viele der Sammler des Wiesenviertels in der Nachbarschaft bekannt sind. Die Listen in den Geschäften füllen sich ebenfalls, aber es zeigt sich, dass es nicht einfach ist, 10 Prozent der Wahlberechtigten zu einer Unterschrift zu bewegen. Schließlich stellen diese 10 Prozent fast 20 Prozent der Wähler der letzten Kommunalwahl dar. Zum Ende der Sammelfrist nach 6 Wochen, Mitte März, können fast 3.400 Unterschriften, 400 mehr als erforderlich, abgegeben werden.

⟹ Die meisten Initiativen testen mehrere Wege, um die Unterschriften zusammenzubekommen. Über 90 % sammeln von Haus zu Haus, fast 80 % mobilisieren den eigenen Bekanntenkreis. Immerhin knapp die Hälfte sammelt an Info-Ständen.
⟹ Es erweist sich als vorteilhaft, wenn die Gruppen - so wie hier - heterogen zusammengesetzt sind, weil dadurch unterschiedliche Freundeskreise und Bekanntschaften mobilisiert werden können.
⟹ Die Kosten für diese Phase des Begehrens variieren stark, je nachdem, welche Beiträge als ehrenamtliche Arbeit geleistet werden können (Zeitaufwand fürs Sammeln, Bereitstellung von Kopierern, evtl. Anwälte im Initiativkreis)
⟹ Vereine, Parteien und Verbände erhalten für die Mobilisierung von Mitgliedern eine neue Rolle, insbesondere wenn auch hier unterschiedliche Gruppen zusammenarbeiten und Mitglieder aktivieren bzw. Wissen einbringen.

3. Akt: Zulässigkeitserklärung

Bei der Prüfung der Unterschriften durch die Gemeindeverwaltung wird jede einzelne Unterschrift geprüft und keine Stichprobenprüfung angewendet. Diese Prüfung kann unterschiedlich lang dauern. Für die Feststellung der Zulässigkeit wird ein Gutachten eingeholt. Aus dem Umfeld von Bürgermeister Schultheiß wird mehrfach die Zulässigkeit angezweifelt, Schultheiß selbst nennt den Begehrensantrag anlässlich einer Jubiläumsansprache unzulässig, erwähnt aber die Gründe nicht. Der Fraktionsvorsitzende der Parlamentsmehrheit, Roth, spricht in einer Ausschusssitzung in einem Nebensatz von dem „vermutlich ja unzulässigen" Begehren.

Ende Mai schließlich findet die Parlamentssitzung statt, in der über die Zulässigkeit entschieden werden soll. In den Unterlagen der Parlamentarier findet sich das Auszählungsergebnis und das Rechtsgutachten. Von den 3.400 eingereichten Unterschriften waren 3.070 Unterschriften gültig. Die zusätzlich gesammelten Unterschriften haben sich somit als sehr hilfreich erwiesen; das Quorum von 3.000 Unterschriften ist erreicht. Das Gutachten diskutiert einige Mängel: Die Begehrensfrage hebe einen Parlamentsbeschluss auf und erläutere den Inhalt des Beschlusses. Im Detail sei die Frage aber so formuliert, dass der erläuternde Teil nicht genau die Aufhebung des Parlamentsbeschlusses beinhalte. Der Gutachter empfiehlt, den Antrag für zulässig zu erklären. Die Sprecher der Koalitionsfraktionen, Roth und Schwarzmeier, heben in ihren Anträgen diese Mängel hervor, begründen aber, dass Ihre Fraktionen das Begehren als Demokraten dennoch für zulässig erklären. Inhaltlich lehnen sie das Begehren ab und setzen den Termin für den Bürgerentscheid auf die zweite Sommerferienwoche fest.

⟹ Nach einer Untersuchung in Hessen (1997) dauern Korrekturbegehren im Durchschnitt etwa 22,5 Wochen. Es gibt mitunter aber große Abweichungen in beide Richtungen, etwa wenn – wie hier – das kommunale Parlament einen Ferientermin für sinnvoll erachtet.

⟹ Die Zulässigkeitserklärung erfolgt in den meisten Bundesländern durch die Parlamente, in einigen Ländern aber auch durch die zuständige Aufsichtsbehörde. Dabei verstehen sich Parlamentsmehrheit bzw. Gemeindeverwaltung oft als Gegenspieler von Initiativen und umgekehrt.

⟹ In Deutschland werden zwischen 15 und 30 % aller Begehren für unzulässig erklärt. Zum Vergleich: In der Schweiz liegt dieser Wert ungefähr bei 10 %.

⟹ Kritische Details sind: Kostenvoranschlag, Formulierung der Fragestellung, Themenausschluss, aber auch formale Fehler bei der Gestaltung des Unterschriftenbogens.

⟹ In vielen Fällen wird daher in dieser Phase des Prozesses mehr über das Formale gestritten, oft auch mit verwaltungsgerichtlicher Fortsetzung. Der sachliche Gehalt des Anliegens gerät dabei oft ins Hintertreffen.

4. Akt: Abstimmungskampf

Die lokale Presse berichtet nur sehr sporadisch über das Begehren. Die Zeitung gehört zu einer größeren Kette, die einem allgemeinen Teil unterschiedliche Lokalseiten beilegt. Dies ist anders als kurz zuvor in der Kreisstadt des Nachbarkreises. Dort hatte die lokale Zeitung u. a. ein eigenes „Forum" eingerichtet: Die Bürger waren aufgefordert worden, ihre Zustimmung bzw. Ablehnung zu bekunden und dies kurz zu begründen. Ja- und Nein-Stimmen wurden dann im Forum gegenübergestellt. In Bürgerburg kommt es hingegen nur sporadisch zu einer Berichterstattung. Jedem Bericht über die Standpunkte der Initiatoren wird ein Kommentar des Bürgermeisters gegenübergestellt, während Bürgermeister Schultheiß und die Fraktionsvorsitzenden Roth und Schwarzmeier zu verschiedenen Themen Stellung beziehen und dabei am Rande zu Arbeitsmarkt und Steuern sprechen. Dabei wird das Gewerbegebiet wie selbstverständlich in Nebensätzen erwähnt.

Einer Podiumsdiskussion, die von der Bürgerinitiative „Wiesengrund" und den Initiatoren veranstaltet wird, bleibt der Bürgermeister fern. Der wachsende Unmut der Initiative gipfelt in der Unterstellung, Schultheiß sei von der finnischen Großmarktkette gekauft. Daraufhin geißelt Bürgermeister Schultheiß den wirtschaftsfeindlichen Populismus der Initiative. Immer mehr Händler gehen auf Distanz zum Bürgerbegehren.

Die einzige Informationsquelle, die den Bürgern Pro- und Contra-Argumente nennt, ist die Empfehlung von Parlament und Verwaltungsspitze. Die Bekanntmachung über Inhalt und Datum des Bürgerentscheids, die die Stellungnahmen von Parlament, Verwaltungsspitze und Initiatoren enthalten muss, bietet etwas Ähnliches wie eine Abwägung unterschiedlicher Argumente und wurde an alle Haushalte verteilt. Dass die Stellungnahmen der Stadt bebildert und optisch ansprechender gesetzt sind als die Stellungnahme der Initiative, fällt jedoch auch hier ins Auge.

⟹ Für die Öffentlichkeit liegen die größten Chancen auf Transparenz in der (Zeitungs-)Berichterstattung. Hier können Motive, Tatsachen, Gründe und Erwartungen öffentlich abgewogen werden.
⟹ In der Phase des Abstimmungskampfes findet der größte Teil des öffentlichen Lernprozesses über mögliche Ursachen von Problemen und Wirkungen von Entscheidungen statt.

⟹ Politische Einstellungen und Werte, die bei den meisten vorher schon bestanden haben, werden argumentativ untermauert und hinterfragt.
⟹ Dies gilt selbst bei stark polarisierten Diskussionen, da eine hitzige Debatte niemanden kalt lässt.
⟹ Ein Diskussionsboykott, der durchgeführt wird, damit ein Bürgerentscheid am Zustimmungsquorum scheitert, schmälert die Chance auf Transparenz und Meinungsaustausch.

5. Akt: Abstimmung

Der Bürgerentscheid findet am zweiten Wochenende der Sommerferien statt. Die Hitzewelle lädt zum Gang ins Freibad ein. Die Auszählung der Stimmen ergibt eine Mehrheit von fast 80 % für das Begehren, es fehlen jedoch 75 Stimmen, um das nötige Zustimmungsquorum von 25 Prozent zu erreichen. Bei einer Abstimmungsbeteiligung von nur knapp 31 % wurde das Quorum mit nur 24,75 % der Wahlberechtigten, die gegen das neue Gewerbegebiet gestimmt haben, nicht erreicht. Bürgermeister Schultheiß spricht von einem Sieg der schweigenden Mehrheit und einem Triumph der Vernunft über den Populismus. Die Initiatoren geißeln die Blockadepolitik von Schultheiß und der Parlamentsmehrheit. Sie sind sich sicher, dass sie die moralischen Sieger sind. Doch was wäre gewesen, wenn der Bürgermeister sich der Diskussion gestellt hätte? Hätte es ohne das Quorum auch eine so hohe Zustimmung gegeben? Viele Bürger beschweren sich, dass sie sich unterinformiert fühlen. Man kenne nur die gebetsmühlenartig wiederholten Argumente der Initiative, jedoch traue man sich kein Urteil zu, weil man die andere Seite zu wenig kenne, so wird bemängelt.

⟹ Die Abstimmungsbeteiligung liegt in kleinen Gemeinden (bis 5.000 Einwohner) regelmäßig bei über 60 %. Wie bei Wahlen sinkt die Beteiligung mit zunehmender Gemeindegröße und liegt in Großstädten um 30 %. Damit sinkt die Chance, im Bürgerentscheid erfolgreich zu sein; Boykottstrategien sind in Städten ab etwa 30.000 Einwohner zunehmend erfolgreich.
⟹ Die meisten Kosten (zwei Drittel und mehr) für die Initiative fallen im Abstimmungskampf an (im Schnitt je nach Gemeindegröße zwischen 15 und 35 Cent pro Einwohner).

Fazit

Der vorgestellte Fall ist erfunden. Es sind jedoch Fakten verarbeitet, die mehr oder minder häufig im Verlauf von Bürgerbegehren zu beobachten sind. Im dargestellten Fall bleibt ein unangenehmes Gefühl. Es wird hier nicht Partei für eine bestimmte inhaltliche Position ergriffen: Regelmäßig lassen sich für beide Konfliktseiten gute Argumente ins Feld führen. Die öffentliche Abwägung in Volksentscheiden kann jedoch dazu beitragen, eine Klärung darüber herbeizuführen, was in der kommunalen Politik wichtig ist und was weniger wichtig ist – im dargestellten Fall ist dies die Gewichtung und Ausrichtung der Investitionspolitik gegenüber Naturschutz und Gestaltung des Wohnumfelds. Sie kann auch die Richtung der politischen Inhalte festlegen: sind bestimmte Maßnahmen geeignet oder haben sie zu viele Nebenwirkungen? Dabei wirken sich Quoren nicht in jedem Fall gegen die Erfolgsaussichten aus. Eine Erfolgsquote in den Ländern von regelmäßig um 40 Prozent und höher spricht für die Effektivität des Verfahrens. Auch ist das Interesse hier nicht, Spitzenpolitiker negativ darzustellen oder gar zu diffamieren. Bürgermeister Schultheiß handelt erfolgsorientiert – wer wollte es ihm verdenken. Er nutzt alle Chancen, seine Ziele umzusetzen – die Verfahrensregelungen geben ihm die Instrumente dazu an die Hand.

Und auch in Fällen wie dem geschilderten überwiegen u. U. die positiven Eindrücke. Vielleicht nimmt die Politik des Bürgermeisters die Argumente der Beteiligten auf und berücksichtigt sie in Zukunft in seinen Vorhaben bereits in frühen Phasen der Planung (nicht, weil die Argumente so gut waren, sondern um neuen Ärger zu vermeiden). Vielleicht werden Bürger wie Herr Nachbar dauerhaft für die Stadt aktiv, z. B. in einer der Oppositionsparteien. Vielleicht lernt sich die Nachbarschaft im Talviertel besser kennen. Das verbessert oft das Nachbarschaftsklima und führt dann auch zu einer Intensivierung des ehrenamtlichen Engagements. Nicht zuletzt führt direkte Demokratie mitunter zu ungewöhnlichen Zweckkoalitionen und damit zu einer Überwindung von Gräben, die oftmals kreative und konstruktive politische Problemlösungen verhindern.

Leseempfehlungen

KOST, Andreas: *Bürgerbegehren und Bürgerentscheid. Genese, Programm und Wirkungen am Beispiel Nordrhein-Westfalen.* Schwalbach a. Ts. : Wochenschau Verlag, 1999

MÖCKLI, Silvano: Direktdemokratische Einrichtungen und Verfahren in den Mitgliedstaaten des Europarates, in: *Zeitschrift für Parlamentsfragen* Jg. 29 (1998), Nr. 1, S. 90–107

MITTENDORF, Volker: Direktdemokratische Verfahren im Prozeß – Verkehrsberuhigung in Winterthur (Schweiz), in: (Schiller 1999a), S. 165–209

MITTENDORF, Volker / REHMET, Frank: Bürgerbegehren und Bürgerentscheide: Wirkungsaspekte auf kommunale Willensbildungs- und Entscheidungsvorbereitungsprozesse in Deutschland und der Schweiz, in: BOGUMIL, Jörg (Hrsg.): *Kommunale Entscheidungsprozesse im Wandel. Theoretische und empirische Analysen.* Opladen : Leske+Budrich, 2002 S. 219–238

PAUST, Andreas: *Arbeitshilfe Bürgerbegehren und Bürgerentscheid. Ein Praxisleitfaden.* Bornheimer Straße 3, 53111 Bonn : Stiftung Mitarbeit, 2001. – URL: http://www.buergerbegehren.de/leitfaden

REHMET, Frank / WEBER, Tim / PAVLOVIC, Dragan: Bürgerbegehren und Bürgerentscheide in Bayern, Hessen und Schleswig-Holstein, in: (Schiller 1999a), S. 117–164

SCHILLER, Theo (Hrsg.): *Direkte Demokratie in Theorie und kommunaler Praxis.* Frankfurt a.M./New York : Campus, 1999 (Studien zur Demokratieforschung Bd. 2)

SCHILLER, Theo: Die Praxis der direkten Demokratie auf kommunaler Ebene, in: ARNIM, Hans-Herbert von (Hrsg.): *Direkte Demokratie. Beiträge auf dem 3. Speyerer Demokratie-Forum vom 14.-16. Oktober an der Deutschen Hochschule für Verwaltungswissenschaften Speyer.* Berlin : Duncker und Humblot, 2000 S. 83–111

Weitere Hinweise:

Nähere Informationen zu Anwendungsfällen von Bürgerbegehren finden sich im Internet unter der Adresse http://www.forschungsstelle-direkte-demokratie.de der Universität Marburg.

Informationen u.a. zu Regelungen in den einzelnen Bundesländern unter http://www.buergerbegehren.de

Beratung und nähere Informationen bieten unter anderem der Verein „Mehr Demokratie e. V." und seine Landesverbände an (http://www.mehr-demokratie.de).

Für einige Bundesländer sind Leitfäden für die Formulierung von Bürgerbegehren über den Buchhandel zu beziehen.

9. Ausgebaute Volksrechte: Die Schweiz

Die Schweiz ist dasjenige Land, in dem die direkte Demokratie die größte Bedeutung hat. Hier gibt es eine ebenso lange wie intensive Praxis der Volksrechte, und zwar auf den drei Ebenen der Gemeinden, der Kantone und der Bundespolitik. Auch in der Forschung wurde ein großer Teil der Erkenntnisse am Beispiel des reichhaltigen Anschauungsmaterials der Schweiz gewonnen. Dabei stellt sich auch immer wieder die Frage, wieweit verallgemeinerbare Schlüsse daraus gezogen werden können, oder ob nicht übertragbare Besonderheiten vorliegen. Auch die Feststellung, die Schweiz und ihr politisches System habe gerade durch die direkte Demokratie ihr besonderes Gepräge bekommen, muss in verschiedene Richtungen ernsthaft bedacht werden. So oder so kommt man bei einer Diskussion über direkte Demokratie an der Schweiz nicht vorbei. Der Schwerpunkt muss hier in einer kurzen Übersicht auf der Bundesebene liegen. Die Verankerung der direkten Demokratie in der Bürgerschaft und ihre Bedeutung für die politische Kultur erschließt sich allerdings nur, wenn auch die Ebenen der Gemeinden und der Kantone einbezogen werden.

9.1 Verfahrensarten

Auf Bundesebene kennt die Schweiz im Wesentlichen drei Verfahrenstypen: das obligatorische Verfassungsreferendum, das fakultative Gesetzesreferendum und die Volksinitiative für Verfassungsänderungen. Das zweite und dritte Verfahren können mit einem sehr niedrigen Unterstützungsquorum in Gang gesetzt werden. Entscheidungen kommen beim fakultativen Gesetzesreferendum mit der Mehrheit der Abstimmenden ohne jedes Beteiligungs- oder Zustimmungsquorum zustande. Bei den beiden Verfahren zur Verfassungsrevision muss zusätzlich eine Stimmenmehrheit in der Mehrheit der Kantone („Ständemehr") erreicht werden.

Das *obligatorische Verfassungsreferendum* gilt seit 1848 und besagt, dass jede vom Parlament beschlossene Verfassungsrevision (einzelne Artikel oder Totalrevision) durch eine Volksabstimmung bestätigt werden muss. Entschieden wird mit der Stimmenmehrheit ohne Beteiligungs- oder Zustimmungsquorum. Der Gedanke des höheren Bestandsschutzes für Verfassungsregelungen, der in vielen anderen Ländern durch qualifizierte Mehrheitserfordernisse (z. B. Zwei-Drittel-Mehrheit im Parlament) ausgedrückt wird, ist in der Schweiz föderalistisch verankert, indem eine Zustimmung auch in der Mehrheit der Kantone verlangt wird. Dem lag seit der Bundesverfassung von 1848 zugrunde, dass die Kantone den Zuwachs von Kompetenzen beim Bund unter Kontrolle halten wollten.

Seit 1921 wurden auch Staatsverträge über den Beitritt zu Organisationen für kollektive Sicherheit dem obligatorischen Referendum (mit Ständemehr) unterworfen, seit 1977 ebenfalls der Beitritt zu supranationalen Gemeinschaften.

Das *fakultative Gesetzesreferendum* wurde 1874 eingeführt. 50.000 Bürgerinnen und Bürger (ca. 1,1 Prozent der Stimmberechtigten) können über ein vom Parlament beschlossenes Gesetz einen Volksentscheid beantragen. Die Sammelzeit für Unterschriften beträgt 100 Tage. Erste Ansätze des fakultativen Referendums hatte es bereits seit 1831 in einzelnen Kantonen gegeben. Zur Durchsetzung dieser Institution auf Bundesebene fand sich Anfang der 1870er Jahre eine breite Bewegung bürgerlicher Mittelschichten (Handwerker, Bauern, Bildungsberufe, Arbeiter) gegen eine das Parlament beherrschende, liberal-kapitalistische Oligarchie zusammen, nachdem es bereits zwischen 1861 und 1869 in den Kantonen Basel-Land, Aargau, Bern, Genf, Zürich und Thurgau ähnliche (erfolgreiche) Volksbewegungen gegeben hatte. Von dieser Referendumsinitiative wurde in der Folgezeit auf Bundesebene starker Gebrauch gemacht, was zu einer erheblichen Erschwerung der parlamentarischen Gesetzgebungstätigkeit führte. Dennoch wurde das Verfahren seitdem nicht revidiert oder gar abgeschafft, sondern durch andere politische Reaktionen in das politische System eingebunden (dazu unten).

Die *Volksinitiative für Verfassungsrevisionen,* auch „Verfassungsinitiative" genannt, wurde 1891 auch für Teilrevisionen in die Bundesverfassung aufgenommen (für eine Totalrevision hatte sie schon seit 1848 bestanden). Sie kann von 100.000 Bürgern (ca. 2,2 Prozent der Stimmberechtigten) beantragt werden, wobei für die Unterschriftensammlung 18 Monate zur Verfügung stehen. Das Parlament kann eine Konkurrenzvorlage zur Abstimmung stellen. Es können beide Vorlagen abgelehnt werden, seit 1987 bietet das „doppelte Ja“ auch die Möglichkeit, ersatzweise auch für die Parlamentsvorlage zu stimmen. Beim Volksentscheid gilt Stimmenmehrheit und zusätzlich das Ständemehr der Kantone. In der Praxis wurde auch die Verfassungsinitiative erstaunlich häufig genutzt. So wurden von 1891 bis 1999 insgesamt 224 Verfassungsänderungen durch Volksinitiativen beantragt. Diese hohe Zahl spiegelt sicher auch wider, dass eine *Volksinitiative für einfache Gesetze* bis heute nicht möglich ist, obwohl sie immer wieder beantragt wurde. Im Ergebnis haben die (nicht sehr zahlreichen) erfolgreichen Verfassungsinitiativen dazu geführt, dass eine Reihe recht spezieller Sachverhalte in der schweizerischen Bundesverfassung geregelt sind.

Für alle Verfahrenstypen gilt, dass rechtliche Streitigkeiten oder Überprüfungen vor Gericht keine ernsthafte Rolle spielen, zumal es ein Verfassungsgericht in der Schweiz nicht gibt.

Auf der Ebene der Kantone und der Gemeinden sind die Volksrechte noch umfassender ausgebaut. So ist in den Kantonen auch die Gesetzesinitiative üblich, und in etwa der Hälfte der Kantone findet auch über Gesetze ein obligatorisches Referendum statt. Eine größere Zahl von Kantonen kennt außerdem das obligatorische Finanzreferendum für Beträge bestimmter Größenordnung, in anderen Fällen das fakultative Referendum. Ähnlich ist die Lage auf Gemeindeebene. Die für die Schweizer Tradition so bedeutsame Versammlungsdemokratie ist in den letzten Jahrzehnten stark zugunsten von Parlamenten in Verbindung mit Urnenabstimmungen zurückgetreten. Auf Kantonsebene wurde die Landsgemeinde in Nid- und Obwalden 1998 und 1999 abgeschafft und existiert seitdem nur noch in Glarus und Appenzell-Innerrhoden. Auf Gemeindeebene wird die Versammlung oft noch praktiziert, allerdings primär in Gemeinden unter 20.000 Einwohnern.

9.2 Zur Praxis der direkten Demokratie

Die Volksrechte werden in der Schweiz auf allen politischen Ebenen rege genutzt.

Tabelle 9.1: Einleitungsart der Volksentscheide in der Schweiz (Stand: Ende 2001)

	Zustande-gekommen	Abge-stimmt	Ange-nommen	Abge-lehnt
Obl. Verfassungsreferendum (Teilrev.)		212	155	57
Verfassungsinitiative	237	146	12	134
Fakultatives Referendum		141	72	69
– darunter Staatsverträge		5	3	2

Quelle: C2D – Research and Documentation Centre on Direct Democracy, Universität Genf, http://c2d.unige.ch.

Es fällt auf, dass über Verfassungsinitiativen ähnlich häufig abgestimmt wurde wie über das Gesetzesreferendum (siehe Abbildung 9.1). Die Zahl der Verfassungsinitiativen hat in jüngerer Zeit zugenommen: von 1891 bis 1929 wurden 25 Initiativen eingereicht, bis 1959 weitere 53, in den 70er Jahren 39 und von 1980-1999 allein 92 Initiativen.

Die Themen der Verfassungsinitiativen lassen die Problemschwerpunkte der jeweiligen Zeit gut erkennen. So wurde 1918 die Einführung einer Bundeseinkommensteuer verlangt, was bei ca. 46 Prozent der Stimmen und mangelnder Kantonsunterstützung scheiterte. Im Mai 1925 blieb eine Initiative für eine Alters- und Krankenversicherung mit 42 Prozent ebenfalls erfolglos, doch folgte Ende 1925 ein Parlamentsbeschluss, der im obligatorischen Verfassungsreferendum klar angenommen wurde. Im Mai 1947 erreichte eine Reforminitiative zur Wirtschafts- und Arbeitsgesetzgebung nur 31 Prozent, doch kurz danach erzielten die parlamentarischen Verfassungsänderungen von Wirtschaftsartikeln breite Unterstützung. 1970 scheiterte eine Initiative zur Beschränkung der Ausländerzahl mit 46 Prozent, weitere Initiativen zu diesem Themenkreis konnten sich in den Folgejahren nie ganz durchsetzen. In den 70er und 80er Jahren spielten ökologische Fragen und die Verkehrspolitik eine größere Rolle auf der Agenda, ein 10-Jahres-Moratorium für den Bau von Kernkraftwerken war sogar erfolgreich (1990). Die Initiative zur Abschaffung der schweizerischen Armee (1989) konnte mit 35 Prozent Ja-Stimmen einen intensiven Diskussionsprozess über die künftige Militärpolitik des Landes in Gang setzen.

Abbildung 9.1: Volksabstimmungen seit 1891

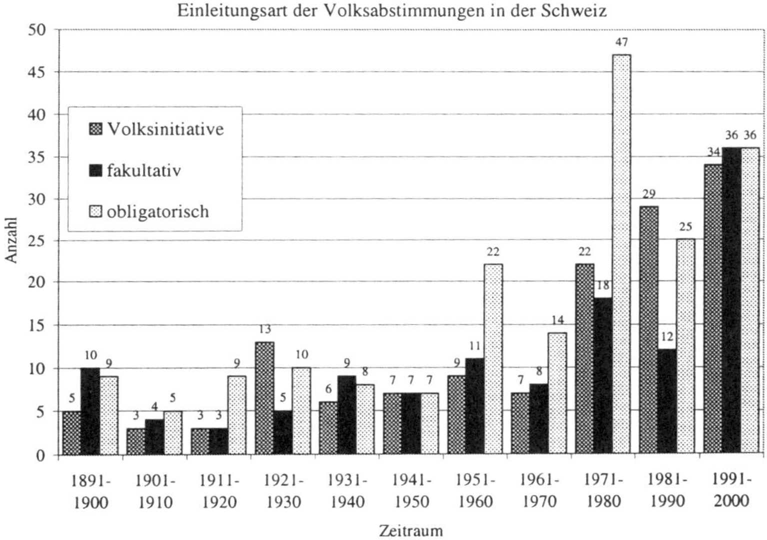

Das Abbildung 9.2 auf der nächsten Seite zeigt eindringlich, welch starke Rolle besonders in den 80er Jahren die Ökologiethemen gespielt haben, während in den 90er Jahren die sozialpolitischen Themen zurücktraten. Bemerkenswert ist auch, dass seit 1982 mehrere Initiativen in der Abstimmung erfolgreich waren: von zwölf Fällen überhaupt lagen fünf in diesem Zeitraum (bis Ende 2001), in dem freilich sehr viel mehr Initiativen lanciert wurden als je zuvor. Darüber hinaus ist an zahlreichen Beispielen ablesbar, dass Initiativen oft entscheidende Anstöße geben und indirekt partielle Erfolge erreichen, auch wenn sie in der Abstimmung unterliegen. Die Zahl von nur 12 angenommenen von 146 abgestimmten Initiativen gibt daher das politische Geschehen nur unvollkommen wieder.

Beim fakultativen Gesetzesreferendum liegen nach der Erfahrung die direkten Erfolgschancen wesentlich höher, nämlich etwa bei der Hälfte. Zwar wurde nur gegen etwa 7 Prozent der Parlamentsvorlagen ein Referendum eingeleitet, doch bei den bis Ende 1999 abgestimmten 141 Fällen wurde 72 mal die Gesetzesablehnung erreicht.

Abbildung 9.2: Themenstruktur der Volksinitiativen seit 1951

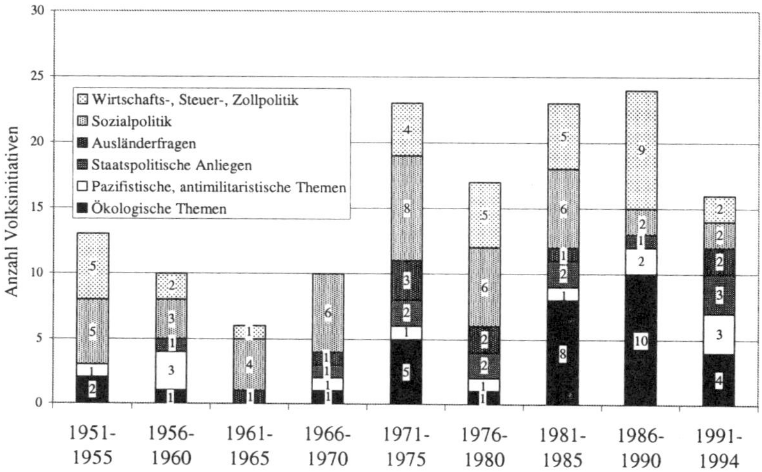

Quelle: Gross 1999, S. 94.

9.3 Beteiligung und politischer Prozess

Da die Stimmbürger mit ihrem Votum Entscheidungsträger über eine Verfassungsänderung oder ein Gesetz sind, interessiert ihre Beteiligung an den Abstimmungen. Das Beteiligungsniveau liegt in den letzten Jahrzehnten durchschnittlich um 40 Prozent, schwankt aber zwischen einem Drittel und drei Vierteln der Stimmberechtigten; sehr hohe Beteiligungen erreichten 1974 die „Überfremdungsinitiative" (70,3 Prozent), 1989 die Initiative „Schweiz ohne Armee" (68,6 Prozent) und 1992 die Frage des Beitritts zum EWR (78,3 Prozent). Langfristig war die Stimmbeteiligung bis Mitte der 60er Jahre rückläufig und lag unter der Beteiligung bei den Parlamentswahlen, hat sich jedoch stabilisiert und bewegt sich in den 90er Jahren etwa beim Wahlniveau (siehe Abbildung 9.3 auf der nächsten Seite). Dabei ist zu berücksichtigen, dass die Schweizer Frauen erst 1971 das Stimmrecht erhalten haben und die Wahl- und Stimmbeteiligung der Frauen längere Zeit mindestens um 10 Prozent unter der der Männer lag (wie bei lange Zeit strukturell ausgeschlossenen Gruppen üblich).

Abbildung 9.3: Durchschnittliche Stimmbeteiligung seit 1919

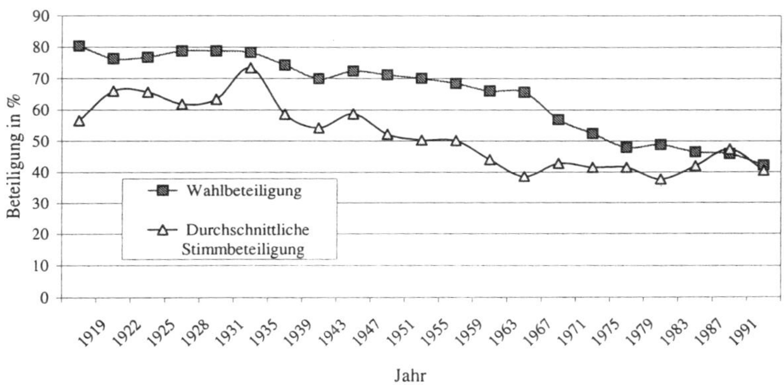

Quelle: Schweizerisches Bundesamt für Statistik (BFS), http://www.statistik.admin.ch.

Untersuchungen der Stimmbeteiligung ergaben, dass etwa ein Drittel der Stimmberechtigten regelmäßig abstimmt, ein Drittel sich von Fall zu Fall, also wohl themenabhängig, beteiligt, und ein weiteres Drittel in der Regel nicht abstimmt. Diese Unterschiede der Stimmbeteiligung werden hauptsächlich erklärt mit Bildungsgrad, sozio-ökonomischem Status und der Selbsteinschätzung der Kompetenz, die Vorlagen angemessen beurteilen zu können. Dass die seit den 70er Jahren wachsende Zahl der Abstimmungen die Stimmbürger „abstimmungsmüde" gemacht hätte, wird nicht mehr als ausschlaggebend angesehen. Eher gehen die Vermutungen dahin, dass die zunehmende Komplexität der Vorlagen das eigene Kompetenzvertrauen belastet habe. Die starken Beteiligungsunterschiede bei den Abstimmungen haben sicher auch etwas mit dem Interesse an den einzelnen Themen, mit dem Abstimmungskontext und mit der Intensität der öffentlichen Debatte zu tun.

Die gesamte historische Entwicklung der direktdemokratischen Aktivitäten ist eng mit der Herausbildung zeitspezifischer gesellschaftlicher Konfliktmuster und dem Entwicklungsprozess der schweizerischen Parteien und ihres Zusammenwirkens in einem Konkordanzsystem verknüpft. In mehreren Etappen lässt sich beobachten, wie Oppositionsparteien von den direktdemokratischen Handlungsmöglichkeiten starken

Gebrauch machen, nach ihrer Integration in die Proporzregierung jedoch von diesen Aktivitäten weitgehend Abstand nehmen. In den 1870er und 1880er Jahren nutzten die Katholisch-Konservativen das neue fakultative Gesetzesreferendum häufig und erfolgreich als Oppositionsinstrument gegen die bürgerlich-freisinnige Mehrheit und wurden schließlich (1891) in die Regierung (Bundesrat) aufgenommen. Nach 1900 verfuhren die Bauern und ländlichen Gewerbetreibenden und die Sozialdemokraten ähnlich (nunmehr auch mit der Verfassungsinitiative). Der ländliche Mittelstand (später Schweizerische Volkspartei, SVP) wurde 1929 mit einem Sitz in den Bundesrat aufgenommen. Mit der Konsolidierung dieses Konkordanzprinzips 1959 (nach der noch heute praktizierten „Zauberformel" 2:2:2:1) erreichten die Sozialdemokraten dauerhaft zwei Sitze in der Proporzregierung. Damit treten die an der Kompromissbildung von Parlament und Regierung beteiligten Parteien als Initiatoren von (nichtobligatorischen) Volksentscheiden weitgehend zurück, wenngleich Einzelne oder Minderheiten oder mit einer Partei politisch verbundene Interessengruppen nach wie vor in direktdemokratischer Form aktiv werden, ebenso wie kleinere und neue Parteien.

Für die Trägerschaft von Initiativen (Verfassungsinitiativen und fakultatives Gesetzesreferendum) kommen damit vorrangig Organisationen, Gruppen und Personen in Frage, die wenig in das Proporzsystem integriert sind. Ihre Erfolgsaussichten sind entsprechend geringer, doch repräsentieren sie eher aktuelle Problemlagen und innovative Lösungsansätze, die sich oft nicht auf Anhieb durchsetzen. So wird für die Zeit nach 1970 besonders auf die aktive Rolle ökologischer Gruppen und neuer sozialer Bewegungen mit Reformansätzen hingewiesen (Gross 1999, Kobach 1994 und Kriesi 1994). Auf der anderen Seite sind auch nationalkonservative und populistische Strömungen, die soziale Desintegrationsfolgen von Modernisierungsprozessen artikulieren, in der Arena der Volksrechte anzutreffen (in den 90er Jahren sogar häufig angeführt von SVP-Chef Blocher). Auch kleine Parlamentsparteien wie die Grünen einerseits und die Autofahrerpartei andererseits können mit diesen Mitteln bestimmte Vorhaben öffentlichkeitswirksam propagieren.

In den öffentlichen Abstimmungsdebatten tritt neben den Trägergruppen das gesamte themenrelevante Akteursspektrum des Landes hervor. Als Informationsmittel stehen redaktionelle Zeitungsberichte nach wie vor sehr hoch im Kurs, gefolgt von Fernsehen, Radio und den offiziellen Abstimmungserläuterungen der Regierung. Der Informationsstand und das eigene Kompetenzgefühl steigen während einer Debatte deutlich an, der Anteil der vollkommen und der hoch Kompetenten wird zum Teil auf bis zu 60 Prozent der Abstimmenden geschätzt. Als Orientierungsgröße für die Abstimmung spielt offenbar der Bundesrat (Regierung) eine besondere Rolle, zumal nach langfristigen Untersuchungen nur eine von fünf Abstimmungen gegen sein Votum ausgeht. Die Proporzparteien bleiben dahinter deutlich zurück, noch stärker fallen die großen Verbände ab. Hingegen werden andere Gruppierungen mit Bezug zum jeweiligen Thema (Ad-hoc-Koalitionen, Kirchen, speziellere Interessenorganisationen) mit erheblich größerem Gewicht in der Meinungsbildung wahrgenommen. Bei allem Institutionenvertrauen werden demnach in der Abstimmungsdebatte und der Entscheidungsfindung nicht nur Organisationsloyalitäten reproduziert, vielmehr scheint bei vielen eine beträchtliche themenzentrierte Offenheit für Informationen und Argumente zu bestehen.

9.4 Direkte Demokratie im Konkordanzsystem

Für die politischen Mechanismen der „halbdirekten" Konkordanzdemokratie werden zwei Aspekte regelmäßig hervorgehoben: die Minimierung des Referendumsrisikos bei der parlamentarischen Gesetzesvorbereitung und die Verhandlungsprozesse im Verlauf von Verfassungsinitiativen. Bezugspunkt sind dabei zwei im Ansatz verschiedenartige Instrumente.

Im Hinblick auf das Instrument des fakultativen Gesetzesreferendums, mit dem Gesetzesbeschlüsse des Parlaments verhindert werden können, bemühen sich die im Regierungsproporz verbundenen Parlamentsparteien darum, „referendumsfähige Gruppen" frühzeitig in die parlamentarische Gesetzesvorbereitung einzubinden und möglichst „referendumsfeste" Gesetze zu erarbeiten. Insbesondere werden hierbei größere Interessenverbände berücksichtigt, so dass informell ein zweiter Konkordanzkreis von Organisationen entsteht, der sich auf die potentielle Veto-Macht des Referendums stützen kann.

Bei der Volksinitiative findet sich eine andere Konstellation. Es wurde schon darauf hingewiesen, dass auch Initiativen ohne Abstimmungserfolg wichtige Effekte für das Agenda-Setting und im Ergebnis auch wichtige politische Teilerfolge erzielen können (und häufig erzielt haben). Sie können beispielsweise einen (moderateren) parlamentarischen

Gegenvorschlag provozieren, der ebenfalls zur Abstimmung kommt. Solche Interaktionen können sich auch als Verhandlungen so entwickeln, dass Zusagen von Regierung und Parlament das Zurückziehen der Initiative und die Vermeidung der Abstimmung ermöglichen. Aus der erfolgversprechenden Initiative wird dann ein „Verhandlungspfand". Zwischen 1974 und 1986 folgten auf 44 eingereichte Initiativen 8 direkte Gegenvorschläge des Parlaments und 14 „indirekte" Vorschläge, so dass die Hälfte der Vorlagen zu einem Kompromiss führten. Dies hat sicher erleichtert, dass etwa ein Drittel der Initiativen in dieser Zeit zurückgezogen wurden (Kobach 1994).

In der politikwissenschaftlichen Diskussion werden häufig weitere systemische Zusammenhänge zwischen den schweizerischen Volksrechten und der politischen Kultur der Konkordanzdemokratie angesprochen. Eine zentrale These besagt, dass die Existenz der direktdemokratischen Verfahren und ihre Nutzung durch Oppositionsparteien wesentlich zur Herausbildung des Systems der Proporzregierung beitrug. Damit sei jedoch eine Politik parlamentarischer Mehrheitsentscheidungen und Regierungsbildung nicht mehr möglich, ebenso wenig ein Regierungswechsel durch neue Mehrheiten. Auch Wahlen und Wahlergebnisse hätten somit eine geringere Bedeutung und seien, wie die relativ niedrige Wahlbeteiligung zeige, auch für die Wähler von eher geringem Interesse. Geschwächt würden auch die Parteien in ihrer Aggregations- und Integrationsfunktion, da bei Volksentscheiden immer wieder Teile einer Partei eigene Optionen vertreten können und wollen und damit eine einheitliche Positionsbestimmung erschwert sei. Nach nunmehr hundertjähriger Praxis kann man wohl in der Tat davon ausgehen, dass sich die Konkordanzkultur und die direktdemokratischen Institutionen gegenseitig verstärken. Ob der schweizerische Fall jedoch hinreichend die weitergehende These belegen kann, der Einbau direktdemokratischer Institutionen in ein parlamentarisches Regierungssystem sei grundsätzlich systemfremd und führe letztlich immer zu einer Systemtransformation in Richtung Konkordanzdemokratie, wird auf breiterem Erfahrungshintergrund noch zu diskutieren sein (vgl. das Kapitel 13).

Fragt man zusammenfassend nach den Schwächen und Stärken der direkten Demokratie in der Schweiz, so ist grundsätzlich eine breite Akzeptanz bei den Bürgern und den politischen Eliten festzustellen. Niemand könnte sie abschaffen, allenfalls kleinere Modifikationen sind in der Diskussion. Eine Verlangsamung der Entscheidungsprozesse wird eingeräumt, aber auch als notwendig hingenommen. Zeitaufwand und

Gründlichkeit ergeben sich nicht nur aus den Volksrechten, sondern ebenso aus den Verhandlungsprozessen der Konkordanzdemokratie. Auf der Kritikseite steht sicher auch, dass einige Entscheidungen gar nicht oder erst nach sehr großer Verzögerung getroffen wurden, so das Frauenwahlrecht erst 1971 oder der UNO-Beitritt erst Anfang 2002 (als 13. erfolgreiche Volksinitiative der Schweiz). Als positiv gilt, dass die Politiker unter viel höheren Begründungs- und Rechtfertigungsanforderungen stehen, somit die Transparenz und die Kontrollmöglichkeiten groß sind. Die Prozesse der öffentlichen Meinungsbildung werden insgesamt gestärkt, und so kommt ein hoher Informationsgrad einer breiteren Öffentlichkeit zustande. Einzelne, Gruppen und Organisationen, die hieran teilnehmen wollen, müssen entsprechende Artikulations- und Handlungsfähigkeiten entwickeln, außerdem die Wahrnehmungsfähigkeit für Lebenszusammenhänge und Probleme jenseits des eigenen sozialen Umfelds stärken. Damit wird unterschwellig der soziale Zusammenhalt gefördert, auch die Abstimmungsdebatten und die (mögliche) Entscheidungsbeteiligung aller werden als ein gewichtiger Integrationsfaktor angesehen. Akzeptanz und Legitimität getroffener Entscheidungen gelten als hoch, die Institution Direkte Demokratie selbst als (konservierender) Stabilitätsfaktor. Die Volksinitiative (für Verfassungsänderungen) wird wohl nur als „gebremstes“ Innovationsinstrument gelten können, denn häufig konnten mit ihr erst im zweiten Anlauf oder über indirekte Kompromissmechanismen Reformschritte erreicht werden. Konfliktpotenziale könnten zwar über Volksabstimmungen auch forciert werden, die Schweizer Erfahrungen deuten jedoch eher auf eine Konfliktentschärfung hin. Der längerfristige und kontinuierliche Gebrauch direktdemokratischer Verfahren rückt offenbar die zivilisierende Notwendigkeit in den Vordergrund, öffentlich argumentieren und andere überzeugen zu müssen. Dies wäre für Demokratien überhaupt ein attraktives Resultat.

Leseempfehlungen

GROSS, Andreas: Die schweizerische Direkte Demokratie, in: HEUSSNER, Hermann K. / JUNG, Otmar (Hrsg.): *Mehr direkte Demokratie wagen.* München : Olzog, 1999 S. 87–100

KIRCHGÄSSNER, Gebhard / FELD, Lars P. / SAVIOZ, Marcel R.: *Die direkte Demokratie: Modern, erfolgreich, entwicklungs- und exportfähig.* Basel, Genf, München : Helbing & Lichtenhahn, 1999

LINDER, Wolf: *Schweizerische Demokratie. Institutionen - Prozesse - Perspektiven.* Bern, Stuttgart, Wien : Haupt, 1999

LONGCHAMP, Claude: Prädispositionen und Kampagnen. Der Dispositionsansatz als Instrument der politischen Kommunikation für die Entscheidungsanalyse in der direkten Demokratie, in: SCHILLER, Theo / MITTENDORF, Volker (Hrsg.): *Direkte Demokratie. Forschung und Perspektiven.* Opladen : Westdeutscher Verlag, 2002

MÖCKLI, Silvano: *Direkte Demokratie. Ein Vergleich der Einrichtungen und Verfahren in der Schweiz und Kalifornien, unter Berücksichtigung von Frankreich, Italien, Dänemark, Irland, Österreich, Liechtenstein und Australien.* Bern, Stuttgart, Wien : Haupt, 1994 (Sankt Gallener Studien zur Politikwissenschaft 16)

Weitere Literatur

KOBACH, Kris W.: Switzerland, in: BUTLER, David / RANNEY, Austin (Hrsg.): *Referendums around the World.* Washington D. C. : AEI Press, 1994 S. 98–153

KRIESI, Hanspeter: Akteure - Medien - Publikum. Die Herausforderung direkter Demokratie durch die Transformation der Öffentlichkeit, in: NEIDHARDT, Friedhelm (Hrsg.): *Öffentlichkeit, öffentliche Meinung, soziale Bewegungen.* Opladen : Westdeutscher Verlag, 1994, (Kölner Zeitschrift für Soziologie und Sozialpsychologie Sonderheft 34) S. 234–260

LINDER, Wolf: Direkte Demokratie, in: KLÖTI, Ulrich / KNOEPFEL, Peter / KRIESI, Hanspeter / LINDER, Wolf / PAPADOPOULOS, Yannis (Hrsg.): *Handbuch der Schweizer Politik.* Zürich : NZZ Verlag, 1999 S. 109–130

SCHMIDT, Manfred G.: *Demokratietheorien.* 3. Aufl. Opladen : UTB; Leske+Budrich, 2000

TRECHSEL, Alexander / SERDÜLT, Uwe: *Kaleidoskop Volksrechte. Die Institutionen der direkten Demokratie in den schweizerischen Kantonen (1970-1996)*. Basel, Genf, München : Collection genevoise, 1999

10. Citizen Lawmaking – Direkte Demokratie in den US-Staaten

Die USA spielten, zusammen mit der Schweiz, die Vorreiterrolle bei der Einführung und der Praxis der direkten Demokratie. Nach Anfängen im 18. Jahrhundert kam der große Durchbruch zwischen 1898 und 1918, als in 22 Bundesstaaten insbesondere des mittleren Westens und des Westens Volksrechte wie Initiative, Referendum und Recall (Abberufungsrecht) eingeführt wurden (vgl. oben Kap. 3). Seit 1959 kamen noch fünf weitere Staaten hinzu (zuletzt Mississippi 1992).[1] Auf Bundesebene ist es jedoch trotz mancher Versuche nie zur Einführung direktdemokratischer Verfahren gekommen.

10.1 Praxisentwicklung: Übersicht

Einen ersten Eindruck darüber, wie häufig direktdemokratische Verfahren in der Praxis in Anspruch genommen wurden, vermitteln Entwicklungsdaten zu den wichtigsten Instrumenten, den Volksinistiativen für Gesetze und für Verfassungsänderungen (statutory initiative, constitutional initiative; weitere Verfahrensarten vgl. S. 115). In allen Bundesstaaten zusammengenommen bis März 2000 und gegliedert nach Jahrzehnten sind dies 1.902 Fälle eingeleiteter Volksinitiativen, wie Abbildung 10.1 auf der nächsten Seite zeigt.

Es zeigt sich deutlich, dass im Jahrzehnt am Ende der Haupt-Einführungsphase von 1911-20 und in der wirtschaftliche Krisenphase

1 Außerdem führte auch noch die Hauptstadt Washington, District of Columbia im Jahre 1977 die Initiative ein. Da der Hauptstadtdistrikt aber kein Staat der amerikanischen Föderation ist, wird er im Folgenden nicht berücksichtigt

Abbildung 10.1: Einleitungs- und Erfolgshäufigkeit von Volksinitiativen

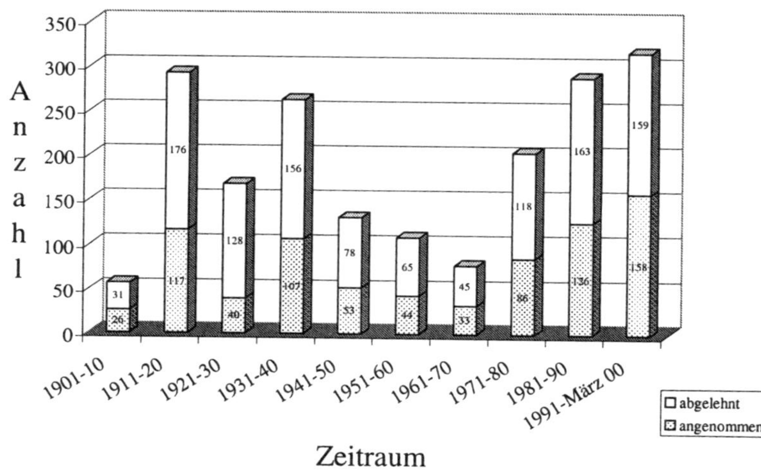

Quelle: Initiative- and Referendum Institute, Washington D.C.

1931-1940 zunächst am meisten Aktivitäten stattfanden. Nach 1970 gab es dann einen erneuten Aufschwung, der in den 1980er und 1990er Jahren die damaligen Werte wieder erreichte. Der Anteil der angenommenen Initiativen liegt im Gesamtzeitraum um 40 Prozent, in den letzten Jahrzehnten leicht höher.

Aufgeteilt nach Bundesstaaten weisen Oregon und Kalifornien die meisten Initiativen auf, dann folgen Colorado, North Dakota und Arizona. Diese fünf Bundesstaaten mit der höchsten Häufigkeit sind in Tab. 10.1 auf der nächsten Seite zusammengefasst:

In den fünf führenden Einzelstaaten fanden mehr als die Hälfte aller Volksinitiativen der USA statt, wobei die Erfolgsquote zwischen 34 und 45 Prozent schwankt (Gesamtdurchschnitt USA 41 Prozent).

Tabelle 10.1: Zahl der Volksinitiativen in den Staaten der USA (bis März 2000)

Rang	Staat (Einf.jahr)	Anzahl Jahre	Gesamt-zahl	Ange-nommen	Abge-lehnt	Erfolgs-quote
1	Oregon (1902)	96	300	110	190	37%
2	California (1911)	87	263	90	173	34%
3	Colorado (1912)	86	195	74	121	38%
4	North Dakota (1914)	84	167	75	92	45%
5	Arizona (1912)	86	144	58	86	40%
Zwischensumme			*1.069*	*407*	*662*	*38%*
19 weitere Staaten		⋮	⋮	⋮	⋮	⋮
Gesamt:			*1.902*	*787*	*1.115*	*41%*

Quelle: Initiative and Referendum Institute, Washington D.C.

10.2 Verfahrensordnungen

Das Spektrum der Verfahrenstypen geht über die bisher genannten Initiativen hinaus und muss vor allem weiter differenziert werden. Außerdem sind einige wichtige Verfahrensregelungen festzuhalten. Besondere Aufmerksamkeit verdient die großzügige Regelung der zulässigen Entscheidungsthemen.

Das *obligatorische Verfassungsreferendum* für eine vom Parlament beschlossene Verfassungsänderung kennen 49 Einzelstaaten (nicht Delaware und die Bundeshauptstadt Washington, D. C.).

Durch Verfassungsinitiative (*constitutional initiative*) kann die Verfassung in 17 Bundesstaaten geändert werden.

Die einfache Gesetzesinitiative (*statutory initiative*) ist insgesamt in 21 Staaten verankert, und zwar in sieben Staaten ausschließlich diese, in 14 zugleich die Verfassungsinitiative (drei Staaten kennen nur die Verfassungsinitiative).

Ein *petition referendum* (oder „popular ref.“) stellt ein von unten ausgelöstes Gesetzesreferendum entsprechend dem fakultativen Referendum in der Schweiz dar (25 Staaten).

Schließlich gibt es *obligatorische (compulsory) Referenden* zu bestimmten Gesetzen und einigen anderen Materien in zahlreichen Staaten. Auch können nach mehreren Verfassungen durch die Parlamente „freiwillige Referenden“ angesetzt werden, was jedoch eine Auslösung nach politischem Ermessen von oben und damit ein plebiszitäres Verfahren bedeutet.

Tabelle 10.2: Verfahrenstypen in den US-Staaten

	Direkt	Indirekt Oder beides	Gesamt
Nur Verfassungsinitiative	2	1	3
Nur Gesetzesinitiative	2	5	7
Verf.I. + Ges.I.	11	3	14
Gesamt	15	9	24

Quellen: Magleby 1994; Glaser 1997, S. 48.

Für die besonders wichtige Verfahrensart der Initiativen ist eine weitere Unterscheidung von grundlegender Bedeutung: die zwischen *direkter* und *indirekter* Initiative (vgl. Tabelle 10.2). Für die indirekte Initiative gilt das in Europa bekannte Verfahren, dass vor der Volksabstimmung eine Parlamentsbehandlung der Vorlage erfolgt. Hingegen kommt eine *direkte Initiative* unmittelbar und unverändert in die Abstimmung. Die indirekte Form ist in den USA eher selten: als *indirekte Verfassungsinitiative* kommt sie nur in einem Staat vor, direkt in elf Staaten, die *indirekte Gesetzesinitiative* ist nur in acht Staaten vorgesehen (direkt in 13). Die oben genannten Bundesstaaten mit der größten Häufigkeit von Initiativen verfügen alle über die Verfassungs- und die Gesetzesinitiative, jeweils in der direkten Form.

Dementsprechend verteilt sich auch die Häufigkeit der Nutzung der verschiedenen Instrumente. Tab. 10.3 zeigt, in wie geringem Umfang die indirekte Initiativform in der Praxis vorkommt, und wie selten somit die Parlamente förmlich in die Verfahren einbezogen sind.

Bedeutsam für die direkte Demokratie in den US-Bundesstaaten ist die Tatsache, dass auch *Steuer- und Haushaltsentscheidungen* als Ge-

Tabelle 10.3: Häufigkeit von Volksinitiativen in den USA nach Verfahrenstyp

Verfahren	Volksentscheide	Anteil	Erfolgreich	Anteil
Direkte Gesetzesinitiativen	902	47,4 %	367	41 %
Direkte Verfassungsinitiativen	808	42,5 %	332	41 %
Indirekte Gesetzesinitiativen	163	8,6 %	68	42 %
Indirekte Verfassungsinitiativen	8	0,4 %	7	88 %
Konsultative Verfahren	10	0,5 %	8	80 %
Direkte Gesetzes- und Verfassungsinitiativen	11	0,6 %	5	45 %
TOTAL:	1902	100,0 %	787	41 %

Direkte Initiativen führen ohne Parlamentsbeteiligung zur Abstimmung
Indirekte Initiativen werden zunächst im Parlament behandelt
Direkte Gesetzes- und Verfassungsinitiative: Antragstext beinhaltet Verfassungs- und einfachgesetzlichen Teil (nur Kalifornien)
Quelle: Initiative- and Referendum Institute, Washington D.C.

genstände von Initiativen und Abstimmungen zugelassen sind, zum Teil sogar dem obligatorischen Referendum unterliegen (während in Deutschland seit 1919 gerade dieser Bereich nahezu ausgeschlossen ist).

Für die Nutzung der Initiativ- und Referendumsverfahren kommt es wesentlich auf die *Quorenregelungen* an. Generell gilt, dass die Auslösungsquoren zwar etwas höher liegen als in der Schweiz, aber wesentlich niedriger als in Deutschland. Ein entscheidender Unterschied besteht zudem darin, dass als Bezugspunkt für Prozentsätze nicht die Gesamtzahl der Stimmberechtigten gilt, sondern die Wahlbeteiligung bei der letzten Gouverneurs- oder Parlamentswahl (vgl. Tabelle 10.4).

Die fünf aufgeführten Staaten stecken zugleich das gesamte Spektrum ab, die Sätze von Arizona werden nur von Wyoming übertroffen; der Bundesdurchschnitt liegt bei 7,5 Prozent. Angesichts der relativ niedrigen Beteiligung bei Parlaments- oder Gouverneurswahlen liegen diese Schwellenwerte de facto noch um mindestens ein Drittel unter den Werten, die sich in Relation zu den Stimmberechtigten ergeben würden.

Tabelle 10.4: Einleitungsquoren in einigen US-Bundesstaaten in Prozent

	Verfassungs-initiative	Gesetzes-initiative	Gesetzes-referendum
Oregon	8	6	4
California	8	5	5
Colorado	5	5	5
N. Dakota	4	2	2
Arizona	15	10	5

Quelle: Magleby 1994.

Für die Abstimmung des Volksentscheids gelten, außer in sieben Staaten, überwiegend keine besonderen *Zustimmungsquoren* oder Beteiligungsquoren, auch nicht in den fünf aktivsten Staaten.

Gerichte überprüfen im Verfahrensablauf zahlreiche Einzelheiten (judicial review), z. B. die Sammlung der Unterschriften oder die Zulässigkeit des Themas. Die Verfassungsmäßigkeit des Sachvorschlags selbst wird allerdings in der Regel erst nach erfolgreicher Abstimmung gerichtlich überprüft, analog zum Gesetzesbeschluss eines Parlaments.

Insgesamt sind die Verfahrensordnungen der US-Bundesstaaten erstaunlich offen ausgestaltet. Insbesondere die Schwellenwerte für die Einleitung liegen niedrig, zumal mit der Wahlbeteiligung bei der letzten Gouverneurswahl als Bezugspunkt. Auch der weitgehende Verzicht auf besondere Zustimmungsquoren unterstreicht die Grundeinstellung, dass diese Institutionen für den Gebrauch durch die Bürgerinnen und Bürger zugänglich und nicht abschreckend sein sollen.

10.3 Themenspektrum und ideologische Ausrichtung

Da nur wenige Themenbereiche von den direktdemokratischen Verfahren ausgeschlossen sind, wird ein breites Themenspektrum auf den Initiativweg gebracht. Insbesondere gehören auch öffentliche Finanzen dazu. Über die Jahrzehnte hinweg ist eine Verschiebung der Themenschwerpunkte zu beobachten, wobei Finanzfragen in den 70er Jahren stark zunahmen.

Nach den in der amerikanischen Literatur standardisierten Kategorien konzentrierten sich die Initiativen auf die Hauptthemen:

	1898-1988	*1978-1992*
Politischer Prozess	23,4 %	19 %
Öffentliche Moral	13,9 %	15 %
Steuern, Finanzen, Haushalt	21,5 %	26 %
Wirtschaft, Arbeit, Konsum	13,9 %	16 %

Quelle: Heußner 1994, S. 496; Magleby 1994, S. 238

Für die letzten Jahrzehnte ergibt sich für die zwei aktivsten Bundesstaaten folgende Verteilung (vgl. Abbildung 10.2).

Abbildung 10.2: Themenstruktur der Initiativen in Kalifornien und Oregon

Zeitraum: 1977-2000

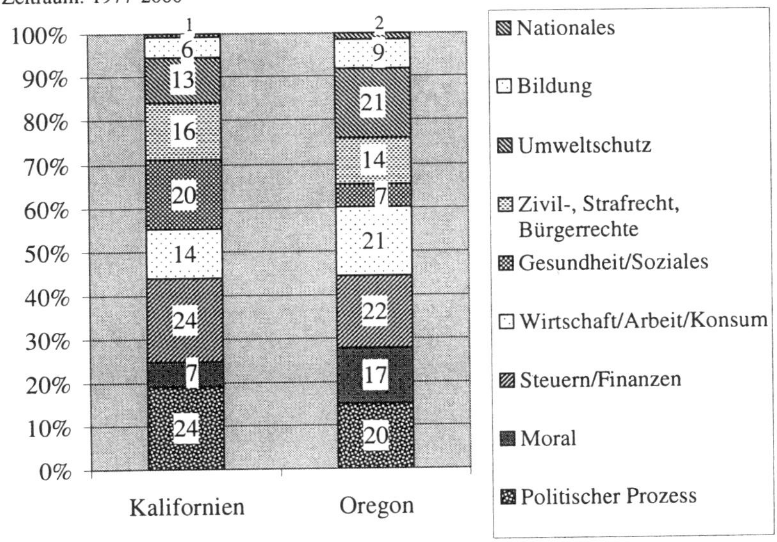

Quelle: Heußner 1994; Initiative- and Referendum Institute, Washington D.C., eigene Recherchen

Die starke Position der Finanzthemen hat sich also gefestigt (insbesondere in den 70er Jahren). Für Kalifornien fällt auch die Gesundheits- und Sozialpolitik auf, für Oregon der Umweltschutz.

Initiativen zur *Reform des politischen Prozesses* setzen wohl am stärksten die Tradition der Einführung der direktdemokratischen Verfahren selbst fort (hierzu gehörte damals oft auch die Einführung des Frauenwahlrechts) und zielen darauf, die Verfestigung und Oligarchisierung von Machtstrukturen im repräsentativen System zu verhindern. Das umfasst z. B. Initiativen zur Ausgabenbegrenzung bei Wahl- und Abstimmungskampagnen, Offenlegung der Vermögensverhältnisse von Kandidaten und Amtsträgern, Registrierung und Überwachung von Lobbyisten, Wahlkreiseinteilung und Anfang der 90er Jahre vor allem zur Begrenzung von Amtszeiten in öffentlichen Ämtern und Parlamenten (Trend: 12 Jahre).

Zum *Umweltschutz* findet sich seit den 70er Jahren eine erstaunlich hohe Zahl von Initiativen gegen Kernenergie, die häufig erfolgreich waren, ebenso wie die auf Einzelstaatsebene eher symbolische Ablehnung von Atomrüstung. Wichtige Impulse gingen aber auch von der Initiative zum Küstenschutz in Kalifornien aus, während die häufigen Kampagnen für Dosenpfand nicht immer obsiegten.

Im Bereich der *Moralfragen* ging es früher oft um (Alkohol-)Prohibition, Lotterie und Glücksspielregulierung. Neuerdings spielt die Abtreibungsfrage eine zunehmende Rolle, wobei nach einer längeren Gleichverteilung der Voten Anfang der 90er Jahre überwiegend das Recht der Frauen auf Abtreibung die Oberhand behielt.

Besonderes Interesse verdient die Frage, wie im mehrheitsdemokratischen Rahmen der direkten Demokratie die Position von *Minderheiten* thematisiert und behandelt wird. Das Bild der Praxis ist uneinheitlich. Auf der einen Seite wurden vielfältige Volksinitiativen vorgelegt, die Minderheiteninteressen tangierten, z. B. Homosexuelle, Schwarze bzw. Hispanics (Schulbustransport, Sozialwohnungsbau, Mietrecht, Rücknahme von Affirmative-Action-Programmen, Englisch als Amtssprache). Die Vorlagen gegen Homosexuelle wurden in der Mehrzahl abgelehnt, zwei scheiterten anschließend vor Gericht. Auch bei anderen Themenbereichen haben Gerichte die Einschränkung von Minderheitenrechten zurückgewiesen (allerdings erfolgt die Prüfung auf Verfassungsmäßigkeit erst nach der Abstimmung). Auf der anderen Seite zielten eine Reihe von Initiativen auf Verbesserungen für Minderheiten, und davon waren immerhin einige in der Abstimmung erfolgreich. In früheren Phasen betraf das vor allem arbeitsrechtlichen Schutz und Sozialfürsorge, in neuerer Zeit z. B. Mindestlohnerhöhungen, Verbraucherschutz, Bildungschancen oder Gesundheitsmaßnahmen.

Zum Problemkreis Rechtsstaatlichkeit und Bürgerrechte sind eine Reihe von Initiativen zur Erhöhung der öffentlichen Sicherheit und zur Verschärfung des Strafrechts einschließlich Einführung bzw. Ausweitung der Todesstrafe zu nennen. Allerdings sind solche Repressionstendenzen kein Spezifikum direktdemokratischer Verfahren, da die Todesstrafe in vielen US-Staaten durch Parlamente eingeführt wurde und in der Anwendung gestützt wird. Die Rechtskultur der USA ist hier, wie auch beim privaten Waffenbesitz, von europäischen Standards weit entfernt und wird insoweit durch die direkte Demokratie offenbar auch nicht gefördert.

Eine Interpretation der ideologischen Ausrichtung der Volksinitiativen ist nicht einfach. Versuche hierzu beziehen sich oft ausschließlich auf Kalifornien und sehen dort überwiegend eine populistisch-konservative Grundtendenz (so insbesondere Billerbeck 1998). Zu einem gemischten Bild kommt Heußner (1994), der für 1960-1988 in Kalifornien 28 abgestimmte Initiativen als links einordnet, 14 als neutral und 33 als rechts, die etwa zur Hälfte oder knapp darunter erfolgreich waren (14:5:14). Für Oregon sieht er für denselben Zeitraum eine ähnliche Ausrichtung mit 23 linken Initiativen (erfolgreich acht), elf neutralen (gewonnen sieben) und 23 rechten (gewonnen sechs). Sicher wird man für weitere Bundesstaaten in einer solchen Aufteilung auch jeweils das Gesamtklima der politischen Richtungen und der politischen Kultur wiederfinden. Ein klarer Trend zum Populismus ist jedenfalls nicht zu erkennen.

10.4 Öffentliche Finanzen

In zahlreichen Bundesstaaten erstrecken sich die Verfahren der direkten Demokratie auch auf Themen der öffentlichen Finanzpolitik, und besonders in den 70er und 80er Jahren gab es hierzu viele Initiativen. Finanzvorschriften in den Verfassungen, die geändert oder neu aufgenommen werden sollen, unterliegen in 49 Staaten ohnehin dem obligatorischen Verfassungsreferendum. Darüber hinaus kennen 22 Staaten auch das obligatorische Referendum für die Ausgabe von Schuldverschreibungen (General Bonds), wovon sieben Staaten häufig mit der Folge regelmäßiger

Abstimmungen Gebrauch machen (u. a. Kalifornien, Oregon, New York, North Carolina), andere gelegentlich. Umgekehrt gibt es in 16 Einzelstaaten ein Verbot, über den Haushaltsbeschluss des Parlaments durch Volksinitiative ein Referendum einzuleiten.

Initiativen im Finanzbereich seit den 1970er Jahren verfolgten sehr verschiedene Arten von Zielsetzungen. Maßnahmen zur Finanzeinschränkung gab es in Form von Steuerbegrenzungen, Ausgabenbegrenzungen und institutionellen Begrenzungsregelungen, letztere meist als Vorschriften für qualifizierte Parlamentsmehrheiten bei Steuererhöhungen. Auf der anderen Seite wurden auch Vorschläge für Steuererhöhungen zum Haushaltsausgleich oder für Gesundheitsprogramme vorgelegt (z. B. für die Umsatzsteuer oder die Tabaksteuer). Die größte Initiativenzahl für Steuerbeschränkungen bezog sich auf die Grundsteuer (*property tax*), die einkommensunabhängig ist, am Marktwert von Immobilien bemessen wird und eine Hauptsteuerquelle der Gemeinden, traditionell zur Finanzierung des Schulwesens, darstellt. Von den zwischen 1968 und 1988 abgestimmten 38 Vorlagen wurden jedoch nur elf von den Stimmbürgern gebilligt. Initiativen zur allgemeinen Senkung der Steuern wurden in der Regel abgelehnt, so in den 80er Jahren in Kalifornien, Colorado, Ohio oder Utah. Zustimmung fand hingegen mehrfach die Begrenzung des zukünftigen Wachstums von Steuern und Staatsausgaben.

Als besonders markantes und auch international bekanntes Beispiel für Steuerrestriktion wurde 1978 die *Proposition 13* in Kalifornien zum Anstoß für ähnliche Initiativen in anderen Bundesstaaten, auch für Parlamente. Dieser kalifornische Volksentscheid reduzierte die Property Tax durch Zurückführung der Bemessungsgrundlage faktisch um 50 Prozent und schrieb für künftige Steuererhöhungen durch das Parlament eine Zwei-Drittel-Mehrheit fest. Für die Lokaleinheiten (Counties, school districts u. ä.) wurde für die Neueinführung von Sondersteuern eine Zwei-Drittel-Mehrheit im obligatorischen Referendum vorgegeben. Hintergrund war eine Verdoppelung der Grundsteuer innerhalb weniger Jahre auf Grund steigender *Marktwerte* der Immobilien. Mit dem Wirtschaftsboom Anfang und Mitte der 70er Jahre führte eine starke Inflation auch zur Erhöhung von Einkommens- und anderen Steuern mit der Folge größerer Haushaltsüberschüsse. Nachdem Parlament und Regierung Kaliforniens diese Expansion der Staatsfinanzen nicht rechtzeitig und angemessen begrenzen konnten, fanden die Organisatoren der Initiative anders als in früheren Jahren eine breite Zustimmungsbasis insbesondere unter älteren Hauseigentümern, die den Marktwert ihres Eigentums nicht für Steuerzwecke mobilisieren konnten. Die Wirkung der *Proposition 13* erstreckte sich allerdings nicht nur auf die Staatsebene, sondern auch auf die Gemeindeebene (Kreise, Schulbezirke usw.). Die Steuerkürzung im Verbund mit der institutionellen Erschwerung von Steuererhöhungen durch jeweilige Zwei-Drittel-Mehrheiten führte im weiteren Verlauf zu einer zu starken Drosselung und damit auf lokaler Ebene zu Finanzierungsschwierigkeiten. Zur Gegensteuerung fand 1988 die Volksinitiative für *Proposition 98* zur Sicherung einer Mindestausstattung des Schulwesens eine Mehrheit in der Volksabstimmung.

Der Abstimmungsprozess über *Proposition 13* in Kalifornien und dadurch angeregte ähnliche Initiativen in anderen Staaten werden oft als „Tax Revolt", als Steuerprotest gekennzeichnet. Dennoch handelt es sich nicht einfach um einen populistischen Ausdruck bornierter Mittelschichtinteressen. Bezieht man den gesamten Zusammenhang der Wirtschaftsentwicklung, der öffentlichen Finanzpolitik und der institutionellen Verantwortlichkeiten ein, so ist Entscheidungsschwäche bei den repräsentativen Organen Kaliforniens unverkennbar. Die Initiativen zur Steuerbegrenzung haben daher mindestens zum Teil auch einen Beitrag gegen finanzpolitisches Versagen geleistet.

10.5 Beteiligung und Faktoren der Meinungsbildung

Die Beteiligung an Wahlen und Abstimmungen in den USA ist insgesamt relativ niedrig, sie lag in den 80er und 90er Jahren sogar bei den Präsidentenwahlen kaum noch über 50 Prozent. An Wahlen zum Bundesparlament, zu den Staatsparlamenten und den Gouverneursämtern nehmen oft noch weniger Bürger teil. Volksabstimmungen liegen nur wenig hinter diesen Werten zurück, wobei über Initiativen noch am häufigsten abgestimmt wird, während obligatorische Referenden deutlich weniger Interesse finden. Offenbar hängt die Beteiligung auch stark vom Wahltag und dem jeweiligen Wahlkontext ab. So werden in Kalifornien bei Juni-Abstimmungen (gekoppelt mit Vorwahlen und ggf. anderen nachrangigen Wahlen) oft nur knapp 30 Prozent Beteiligung erreicht, während bei November-Terminen im Verbund mit hochrangigen Personalwahlen häufig 40 bis 50 Prozent der Stimmberechtigten an Sachabstimmungen teilnehmen. Trotz Teilnahme an einem Abstimmungstag schwankt die

Stimmabgabe für einzelne Vorlagen (wie auch für anstehende Personalwahlen) zum Teil beträchtlich (5 bis 10 Prozent), was auf Unterschiede des Interesses, der Informiertheit, der Urteilskompetenz, aber auch der öffentlichen Aufmerksamkeit zu den verschiedenen Themen oder der Platzierung auf der Abstimmungsliste hinweist.

Bei den Trägern von Initiativen gibt es neben dem üblichen Spektrum zwei Besonderheiten. Parteien treten selten als Initiatoren auf, partiell beteiligen sich einzelne Parlamentsmitglieder (oder kleine Gruppen). Zum anderen übernehmen relativ häufig Einzelaktivisten sowie „politische Unternehmer" die Organisation von Initiativen, ganz im Stil der personalisierenden Kultur der amerikanischen Politik. In der Durchführung der Kampagnen sind weitere Kulturelemente unübersehbar: die Kommerzialisierung der Mobilisierungsprozesse („initiative industry") und der Einsatz großer Finanzmittel. Dabei geht es oft um die Abwehrschlachten betroffener Großunternehmen gegen unliebsame Initiativen (z. B. Brauereien, Öl-, Tabakfirmen, Autoversicherungen). 1998 wurden bei zwölf Vorlagen 192 Millionen Dollar für Kampagnen aufgewendet, darunter ein Fall mit allein 92 Millionen Dollar. Obzwar keine Einzelfälle, sollten diese Extreme doch nicht übersehen lassen, dass auch eine nennenswerte Zahl von Initiativen eher nach „grass-roots"-Manier, also mit sehr breitem ehrenamtlichem Engagement, organisiert und finanziert wurde. In jedem Fall gab es gute Gründe dafür, Offenlegungspflichten für die Finanzierung von Abstimmungskampagnen ebenso wie für Wahlkämpfe zu statuieren (übrigens durch Volksinitiativen). Die Auswirkungen solcher Kampagnenstrukturen auf die Qualität der Abstimmungsdebatten lassen sich hier nur damit andeuten, dass in großem Umfang Fernsehwerbung zum Einsatz kommt. Finanzaufwand und Materialschlachten garantieren jedoch nicht ohne weiteres einen entsprechenden Abstimmungserfolg, und von beliebiger Manipulierbarkeit und Inkompetenz der Abstimmenden ist keineswegs auszugehen.

Die Frage nach der Kompetenz der Stimmbürger wird in den USA intensiv diskutiert und erforscht. In der Gesamttendenz wird dabei von einem zufriedenstellenden Kompetenzniveau ausgegangen, auch wenn eine der Schweiz vergleichbare Situation nicht erreicht wird. Ein etwas geringerer Anteil der Bürger zeigt intensives Informationsverhalten und nutzt mehrere Informationsquellen unter Einschluss von Tageszeitungen. Es gibt jedoch eine relativ breite Gruppe, die die Vorlagen weitgehend verständlich findet und sich hinreichend informiert fühlt. Nach Umfragen in Kalifornien äußern sich knapp 10 Prozent kritisch über zu viele und verwirrende Vorlagen. Ein ähnlich großer Anteil hält viele Stimmberechtigte für uninformiert und beklagt irreführenden Werbekampagnen. Die subjektive und die gegenseitige Kompetenzeinschätzung fällt demnach insgesamt positiv aus. Bestätigt wird überwiegend auch die Fähigkeit, entsprechend den eigenen Interessen oder ideologischen Ausrichtungen abzustimmen, wobei auch Meinungen oder Empfehlungen geschätzter Personen, Repräsentanten oder Organisationen positiv und sichtbar werdende Interessenhintergründe von Kampagnen oft negativ zur Orientierung herangezogen werden.

Insgesamt bewerten die Bürger die direkte Demokratie jedenfalls sehr positiv: dass sie den Bürgern eine Ausdrucksmöglichkeit gibt („gives people a voice"), findet im Vergleich zu den stärksten Kritikpunkten (mangelnde Umsetzung, uninformierte Bürger) ein Mehrfaches an Zustimmung. Der Einfluss von Sonderinteressen wird bei gewählten Repräsentanten etwa doppelt so hoch eingeschätzt wie bei Volksabstimmungen. In der Regel unterstützen zwei Drittel die Institution direktdemokratischer Verfahren und ihre Erhaltung. In Kalifornien wünschen sich mehr als die Hälfte auch eine Ausdehnung auf die Bundesebene. Reformbedarf richtet sich mit fast 80 Prozent Unterstützung vor allem auf eine Begrenzung zulässiger Finanzaufwendungen und auf (neutrale) Erläuterungen von Abstimmungsvorlagen durch staatliche Stellen (Bowler und Donovan 2000). Weitere Reformüberlegungen in der politischen und der wissenschaftlichen Diskussion gehen vor allem dahin, die direkte Initiative zugunsten der indirekten Form unter Einschaltung des Parlaments in das Verfahren (Parlamentsberatung, Konkurrenzvorschlag) zurückzudrängen. Als kritikwürdig wird auch gesehen, dass eine gerichtliche/verfassungsrechtliche Prüfung jedenfalls bei den Direktinitiativen oft erst nach der endgültigen Volksabstimmung stattfindet, was im Fall der Verwerfung bei den Bürgern erhebliche Frustration auslöst. Schließlich gibt es Einwände gegen eine Art „Verfassungsfalle": Einerseits sind Initiativen zur Änderung und Ergänzung der Verfassung in zahlreichen Bundesstaaten relativ einfach; andererseits wurde oft gerade auf diesem Wege in Verfassungen festgeschrieben, dass Gesetze zu bestimmten Materien, insbesondere Finanzfragen, nur mit erhöhten Quoren im Parlament möglich sind oder durch obligatorisches Referendum mit erhöhtem Quorum bestätigt werden müssen. Festschreibungen dieser Art führen nicht selten zu schwer auflösbaren Politikblockaden. Trotz dieser verschiedenartigen Reformprobleme ist die Legitimität direkter Demokratie in den US-Bundesstaaten ungebrochen und trägt ihrerseits nicht wenig zur Legitimation des politischen Gesamtsystems bei.

Leseempfehlungen

BAUER, Martin: *Direkte Demokratie und Finanzpolitik in den USA. Volksabstimmungen über Haushaltsfragen, Steuern und Verschuldung in Kalifornien*, Universität Erlangen-Nürnberg, Dissertation, 1997

GLASER, Ulrich: *Direkte Demokratie als politisches Routineverfahren. Volksabstimmungen in den USA und in Kalifornien.* Erlangen, Jena : Palm & Enke, 1997 (Erlanger Studien 112)

HEUSSNER, Hermann K.: *Volksgesetzgebung in den USA und in Deutschland. Ein Vergleich der Normen, Funktionen, Probleme und Erfahrungen.* Köln, Berlin, Bonn, München : Heymann, 1994 (Erlanger juristische Abhandlungen 43)

MAGLEBY, David B.: Direct Legislation in the American States, in: BUTLER, David / RANNEY, Austin (Hrsg.): *Referendums around the world.* Washington D. C. : AEI Press, 1994 S. 218–257

Weitere Literatur

ARNIM, Hans H. von: *Vom schönen Schein der Demokratie.* München : Droemer und Knaur, 2000

BILLERBECK, Rudolf: *Plebiszitäre Demokratie in der Praxis, zum Beispiel Kalifornien.* Berlin : Edition Sigma, 1989

BOWLER, Shaun / DONOVAN, Todd: California's experience with direct democracy, in: *Parliamentary affairs* 53 (2000), October, Nr. 4, S. 644–656

C2D – RESEARCH AND DOCUMENTATION CENTER ON DIRECT DEMOCRACY: *Datenbank zur Direkten Demokratie.* Internetressource. – URL: http://c2d.unige.ch

HEUSSNER, Hermann K.: Ein Jahrhundert Volksgesetzgebung in den USA, in: HEUSSNER, Hermann K. / JUNG, Otmar (Hrsg.): *Mehr direkte Demokratie wagen.* München : Olzog, 1999 S. 101–122

IRI – INITIATIVE AND REFERENDUM INSTITUTE: *I & R-Information.* Internet-Ressource. – URL: http://www.iandrinstitute.org

KAMPWIRTH, Ralph: Volksentscheid und Öffentlichkeit. Anstöße zu einer kommunikativen Theorie der direkten Demokratie, in: SCHILLER, Theo (Hrsg.): *Direkte Demokratie in Theorie und kommunaler Praxis.* Frankfurt a. M./New York : Campus, 1999, (Studien zur Demokratieforschung Bd. 2) S. 17–68

MÖCKLI, Silvano: *Direkte Demokratie. Ein Vergleich der Einrichtungen und Verfahren in der Schweiz und Kalifornien, unter Berücksichtigung von Frankreich, Italien, Dänemark, Irland, Österreich, Liechtenstein und Australien.* Bern, Stuttgart, Wien : Haupt, 1994 (Sankt Gallener Studien zur Politikwissenschaft 16)

STELZENMÜLLER, Constanze: *Direkte Demokratie in den Vereinigten Staaten von Amerika.* Baden-Baden : Nomos, 1994 (Beiträge zum ausländischen und vergleichenden öffentlichen Recht 5)

11. Europäische Nachbarstaaten

In diesem Band können nicht alle Länder der Welt oder Europas, die Formen der direkten Demokratie kennen, dargestellt werden (dafür vgl. Butler und Ranney 1994; Wili 1997).[1] Es gibt jedoch einige europäische Nachbarländer, in denen jeweils besondere Verfahrensarten dominieren und in denen diese Volksrechte auch in nennenswertem Umfang genutzt worden sind. Für diese Länder lässt sich daher ein gewisses Spektrum der Verfahrensformen und der Anwendungsmuster aufzeigen und in einem „Praxisprofil" zusammenfassen. Für die Länder Österreich, Italien, Dänemark und Irland wird auf dem Hintergrund der jeweiligen Ausprägung des politischen Systems der Frage nachgegangen, welche Funktionen direktdemokratischen Entscheidungsformen im politischen Gesamtprozess zukommen.

11.1 Österreich – Protestform im Proporzsystem

Das Nachbarland Österreich verfügt auf Bundesebene nur über eine karge direktdemokratische Ausstattung, und demzufolge auch über eine begrenzte Praxis (die Bundesländer und Gemeinden können hier nicht berücksichtigt werden). Da einzelne Ereignisse mit Volksbeteiligung durchaus spektakulären Charakter hatten, seien sie wenigstens vom Verfahrenstyp her in den politischen Gesamtprozess eingeordnet.

Schon seit 1929 und dann nach 1945 war das *Verfassungsreferendum* bei Totalrevision obligatorisch vorgesehen, bei partiellen Verfassungsänderungen nur durch ein Drittel einer der beiden Kammern auszulösen und im Ergebnis nie praktiziert.

---

1 Außerhalb Europas verdienen vor allem Australien und Neuseeland besondere Aufmerksamkeit.

Zweitens gibt es das *Gesetzesplebiszit*, das nur die Regierungsmehrheit einleiten kann. 1989 wurde zusätzlich die unverbindliche „Volksbefragung" eingeführt (1996 erstmals angewandt).

Drittens ist das *Volksbegehren* zu erwähnen, das jedoch nur als „Volksanregung" zu verstehen ist und nicht zu einem Volksentscheid führen kann, sondern im Ergebnis nur eine Befassung des Parlaments (Nationalrat) verlangt;[2] zur Beantragung sind 10.000 Unterschriften erforderlich, dann insgesamt 100.000 Eintragungen (200.000 bis 1981).

Die wesentlichen entscheidungsträchtigen Verfahrenstypen, nämlich Gesetzesinitiative (Volksbegehren im eigentlichen Sinne) mit nachfolgendem Volksentscheid sowie fakultatives Gesetzesreferendum, sind also ausgespart.[3]

Der einzige Fall eines Gesetzesplebiszits ist freilich markant genug: als im November 1978 die SPÖ-Regierung Kreisky die Inbetriebnahme des Atomkraftwerks Zwentendorf aus Legitimationsgründen zum Volksentscheid vorlegte, ging die Entscheidung knapp, aber definitiv verloren (Beteiligung: 64,1 Prozent der Stimmberechtigten; Nein-Stimmen 50,5 Prozent; Stimmenüberhang 30.000). Ebenfalls einmal kam es zum obligatorischen Verfassungsreferendum zur Gesamtänderung der Verfassung anlässlich des Beitritts Österreichs zur Europäischen Union 1994.

Das nur als Befassungsantrag an das Parlament zu verstehende „Volksbegehren" wurde deutlich häufiger angewandt, nämlich 26 mal von 1963 bis 2001, u.a. zu schulpolitischen Fragen, zu Moralthemen, zu Atomkraftfragen, zu Rundfunkthemen oder zur Ausländerpolitik. Auch die Agitation Haiders gegen die EU-Osterweiterung mit dem Hebel des tschechischen Atomkraftwerks Temelin Anfang 2002 (27. VB) lief über dieses in der Konsequenz unverbindliche Verfahren. Auch ohne Entscheidungskonsequenz scheint sich das Verfahren durchaus für eine Artikulationsfunktion zu eignen. Wenn dabei mehrheitlich Parteien als Träger auftraten, und zwar häufig die FPÖ, so liegt das langjährige Proporzsystem der Großen Koalition aus SPÖ und ÖVP als Erklärungshintergrund auf der Hand. Über die bisher im Vordergrund stehende Rolle als außerparlamentarisches Hilfsinstrument einer schwachen Opposition hinaus kann dieser Verfahrenstyp grundsätzlich auch für Transparenz- und Kontrollfunktionen durch Interessenverbände, bürgerschaftliche Grup-

---

2 In deutschen Landesverfassungen wird dieses Verfahren überwiegend „Volksinitiative" (als Vorstufe des Volksbegehrens) genannt.

3 Im Frühjahr 2002 wurde ein Volksbegehren beantragt, das auf die Einführung eines verbindlichen Volksentscheids abzielt.

pen und Protestbewegungen eingesetzt werden. Wieweit die bisherigen Begehren nur mit Öffentlichkeitswirkung, aber ohne Verhandlungsmacht nennenswerte indirekte Impulse auslösen konnten, muss hier offen bleiben.

11.2 Italien – Öffnung der Machtstruktur

Italien hat in Europa nach der Schweiz und Liechtenstein die meisten Volksabstimmungen aufzuweisen. Diese Entwicklung setzte erst 1974 ein und erreichte in der ersten Hälfte der 90er Jahre ihren Höhepunkt. Obwohl die Möglichkeiten der direkten Demokratie schon in der Verfassung von 1947 vorgesehen waren, konnten sie erst nach einem Ausführungsgesetz vom Mai 1970 genutzt werden. Italien kennt auf der Ebene des Gesamtstaates im Wesentlichen drei Verfahrensformen:

- die *„Gesetzesinitiative"* (Art. 71), mit der 50.000 Bürger einen Gesetzentwurf zur Befassung im Parlament vorlegen können. Dieses unverbindliche Verfahren einer Volksanregung entspricht dem österreichischen „Volksbegehren" oder deutschen „Volksinitiativen" und endet mit Annahme, Änderung oder Ablehnung durch das Parlament.
- das *fakultative Verfassungsreferendum* (Art. 138) bei Verfassungsänderungen ohne Zwei-Drittel-Mehrheit in beiden Kammern, das von einem Fünftel einer Kammer, 500.000 Bürgern oder fünf Regionalräten ausgelöst werden kann. Es ist bisher nur einmal 2001 (zur sog. „Devolution", der Übertragung von Kompetenzen auf die Regionen) praktiziert worden. Erwähnt sei hier zusätzlich der einzige Fall eines *konsultativen Referendums* (1989), mit dem die Kompetenzerweiterungen des Europäischen Parlaments bestätigt wurden.
- das *„abrogative Referendum"* (Art. 75), mit dem durch 500.000 Bürger oder fünf Regionalräte die ganze oder teilweise Aufhebung eines bestehenden Gesetzes betrieben werden kann. Ein gültiger Aufhebungsbeschluss setzt eine Beteiligung von 50 Prozent der Stimmberechtigten sowie eine Mehrheit der Abstimmenden voraus.

Diese Form des *abrogativen Referendums* steht im Mittelpunkt der direktdemokratischen Praxis in Italien. Seit dem ersten Fall 1974 wurden bis Mai 2000 insgesamt 53 Referenden abgestimmt (an 12 Abstimmungstagen). Von diesen konnten trotz des hohen Beteiligungsquorums von 50 Prozent immerhin 36 diese Hürde überspringen, während siebzehn Referenden (bei drei Urnengängen) die Qualifikation nicht schafften. Zwanzig Begehren erreichten auch die erforderliche Stimmenmehrheit. Um diese Ergebnisse zu erzielen, musste eine sehr hohe Teilnahmemotivation aktiviert werden.

Tabelle 11.1: Volksentscheide in Italien seit 1970

Datum	*Thema (Aufhebung des Gesetzes über...)*	*Beteil. in %*	*Ja in %*	*Ergebnis*
12.05.74	Ehescheidung	87,7	40,7	–
11.06.78	1. Anti-Terrorismus	81,2	23,5	–
	2. Staatliche Parteienfinanzierung		43,6	–
17.05.81	1. Öffentliche Ordnung	79,4	14,9	–
	2. Lebenslange Haft		22,6	–
	3. Tragen von Waffen		14,1	–
	4. Schwangerschaftsabbruch (Initiative der Radikalen)		11,6	–
	5. Schwangerschaftsabbruch (Initiative der Bewegung für das Leben)		32,0	–
9.06.85	Teuerungsausgleich (scala mobile)	77,9	45,7	–
8.11.87	1. Zivile Haftung der Richter	65,1	80,2	+
	2. Parlamentarisches Sondergericht für Minister		85,0	+
	3. Standort von Kernkraftwerken		80,6	+
	4. Subventionen für Gemeinden mit Kernkraftwerken		79,7	+
	5. Beteiligung der ENEL an Kernkraftwerken im Ausland		71,9	+
19.06.89	Erweiterung der Kompetenz des Europäischen Parlaments *(konsultatives Referendum)*	81,5	88,0	+
3.06.90	1. Jagddisziplin	43,0	92,2	X
	2. Jagd (Zugang zu privat genutzten Flächen)	42,9	92,3	X
	3. Verwendung von Pestiziden	41,1	93,5	X
09.06.91	Wahlen (teilweise Aufhebung; Reduzierung der Präferenzstimmen)	62,4	95,6	+

Datum	*Thema (Aufhebung des Gesetzes über...)*	*Beteil. in %*	*Ja in %*	*Ergebnis*
18.04.93	1. Umweltkompetenz der lokalen Gesundheitsbehörden	76,9	82,6	+
	2. Strafen für Drogenabhängige (teilweise Aufhebung)		55,4	+
	3. Staatliche Parteienfinanzierung		90,3	+
	4. Kompetenz des Finanzministers, Sparkassendirektoren zu ernennen		89,8	+
	5. Ministerium für Staatsbeteiligung (Abschaffung)		90,1	+
	6. Wahlgesetz für Senatoren (Einführung eines Mehrheitswahlsystems)	77,0	82,7	+
	7. Landwirtschafts- und Forstministerium (Abschaffung)		70,2	+
	8. Tourismusministerium (Abschaffung)		82,3	+
11.06.95	1. „Repräsentative" Gewerkschaften	56,9	49,97	–
	2. „Repräsentative" Gewerkschaften (erleichterte Zulassung)	56,9	62,1	+
	3. „Repräsentative" Gewerkschaften (öffentlicher Dienst)	56,9	64,7	+
	4. Sicherheitsverwahrung von angeklagten Mafia-Anhängern	57,0	63,7	+
	5. RAI-Status (Teilprivatisierung des staatlichen Fernsehens möglich)	57,2	54,9	+
	6. Kompetenz der Gemeinden, Geschäftslizenzen zu vergeben	57,0	35,6	–
	7. Einbehalt des Gewerkschaftsbeitrags	57,1	56,2	+
	8. Gemeindewahlen	57,1	49,4	–
	9. Ladenöffnungszeiten	57,1	37,5	–
	10. Lizenzvergabe einer unbegrenzten Zahl von Fernsehkanälen	57,9	43,0	–
	11. Fernsehwerbung (Unterbrechung von Spielfilmen u. ä. bleibt erlaubt)	57,9	44,3	–
	12. Fernsehwerbung (eine Werbeagentur darf für mehr als zwei Sender tätig sein)	57,8	43,6	–

Datum	*Thema* *(Aufhebung des Gesetzes über...)*	*Beteil. in %*	*Ja in %*	*Ergebnis*
17.06.97	1. Kontrollbefugnisse des Staates bei privatisierten Unternehmen (Abschaffung)	30,2	74,1	X
	2. Gewissensprüfung bei Kriegsdienstverweigerung (Abschaffung)	30,3	71,7	X
	3. Freie Jagdausübung auf fremdem Grund (Abschaffung)	30,2	80,9	X
	4. Karriere-Automatismus bei Justizangehörigen (Abschaffung)	30,2	83,6	X
	5. Journalistenkammer (Abschaffung)	30,0	65,5	X
	6. Möglichkeit für Justizangehörige, nebenamtlich Gutachtertätigkeiten auszuüben (Abschaffung)	30,2	85,6	X
	7. Landwirtschaftsministerium (Abschaffung)	30,1	66,9	X
18.04.99	Verhältniswahlrecht (völlige Abschaffung)	49,6	91,5	X
21.05.00	1. Modalitäten der Richterwahl	31,9	70,57	X
	2. Verhältniswahlrecht	32,4	82,0	X
	3. Wahl- und Abstimmungskampfkostenerstattung	32,2	71,1	X
	4. Nebenerwerbsmöglichkeiten in der Justiz	32,0	75,2	X
	5. Abschaffung von Regeln, die Entlassungen erschweren	32,5	33,4	X
	6. Trennung der Karrieren von Richtern und Staatsanwälten	32,0	69,0	X
	7. Automatischen Abzug von Gewerkschaftsbeiträgen	32,2	61,8	X
07.10.01	Verfassungszusatz – Titel 5, Teil 2 (fak. Verfassungsreferendum zur verstärkten föderalen Kompetenzverteilung)	34,0	64,2	+

X : Referendum ungültig mangels Beteiligung.
– : Referendum gültig, Abschaffung des umstrittenen Gesetzes abgelehnt.
\+ : Referendum gültig, Abschaffung des umstrittenen Gesetzes beschlossen.

Quelle: Zeitraum 1970–2000: Capretti 2001, S. 68 ff.; 2001: eigene Recherchen.

Obwohl die spezifische Referendumsform nur die *Aufhebung* von Gesetzen oder Gesetzesteilen ermöglicht und damit formell keine positive Gestaltung vorgeschlagen werden kann, wurde ein breites Spektrum an Themen und politischen Intentionen zum Volksentscheid gebracht. Vielleicht reicht gerade bei länger aufgestautem Reformbedarf die Beseitigung bisheriger Regelungen als Einstieg für eine Innovation. Im Übrigen wurden in die politische Debatte um diese Themen die erwünschten Alternativen deutlich eingebracht, so dass die Volksabstimmungen durchaus eine klare Richtungsentscheidung darstellten. Es zeigte sich aber auch, dass mit dem abrogativen Referendum erst kurz zuvor (mindestens ein Jahr) in Kraft getretene Gesetze ebenfalls angegriffen werden können – insofern wirkt es wie ein verzögertes „fakultatives Referendum" in der Schweiz.

Es gehört zur Ironie der italienischen Geschichte, dass das erste Referendum zur Gesetzesaufhebung von den Christdemokraten und katholischen Organisationen angestrengt wurde (und dass zu diesem Zweck überhaupt das Ausführungsgesetz von 1970 zustande kam). Die Democrazia Cristiana (DC) hatte 1971 aus koalitionstaktischen Gründen ein Gesetz zur Ermöglichung der Ehescheidung im parlamentarischen Verfahren passieren lassen in der Absicht, es dann durch ein abrogatives Referendum (mit Langzeitwirkung) wieder abschaffen zu lassen. Doch dieses Kalkül misslang gründlich: Denn im Mai 1974 stimmten nur 40,7 Prozent für die Aufhebung, während sich 59,3 Prozent mit einem Nein-Votum dagegen stellten. Ein offenbar stark unterschätzter säkularisierender Trend in der italienischen Gesellschaft konnte sich also in der Form doppelter Negation durchsetzen: als Nein zur Aufhebung eines Gesetzes, das von der DC als großer konservativer Kraft des Landes gar nicht gewollt gewesen war und nun als politischer „Betriebsunfall" bestehen blieb.

In der Folgezeit stand ein breites Spektrum von alten, z. T. aber auch erst kurz zuvor beschlossenen Gesetzen zum Entscheid. Im Sinne säkularer Reform blieb die Möglichkeit des legalen Schwangerschaftsabbruchs bestehen (1981). Auch die staatliche Parteienfinanzierung wurde 1978 nicht aufgehoben (bis 1993, vgl. unten), ebenso die überkommenen Regelungen des Jagdrechts 1990 und 1997 (mangelnde Beteiligung). Besonders umkämpft war das Gesetz der Regierung Craxi von 1985, den automatischen Inflationsausgleich der Löhne („scala mobile") abzuschaffen. Im Aufhebungsreferendum stimmten bei einer Beteiligung von knapp 80 Prozent nur 45,7 Prozent dafür, also nicht die erforderliche Mehrheit. Im Jahr 1987 kamen jedoch klare Mehrheiten zustande, die die gesetzlichen Grundlagen zur weiteren Nutzung der Kernenergie einschränkten.

Ein besonders dramatisches Kapitel direkter Demokratie vollzog sich Anfang der 1990er Jahre, als die Grundstrukturen der politischen Ordnung Italiens aufbrachen und die Christdemokraten ihre Dominanzposition im Parteiensystem verloren. Den Durchbruch brachte hier das Referendum vom 6. Juni 1991 zur Reform des Wahlrechts (Reduzierung der Präferenzstimmen), das bei 62 Prozent Beteiligung 95,6 Prozent Ja-Stimmen erhielt. Es demonstrierte die Möglichkeit von Reformen, trug zu kräftigen Wahlverlusten der Christdemokraten und der Sozialisten bei der Wahl im April 1992 bei und bereitete den Boden für weitere Referendumsinitiativen. Für 1993 wurden 13 Vorlagen eingereicht (und zehn vom Verfassungsgericht zugelassen), die u.a. das Verhältniswahlrecht für den Senat (drei Viertel der Sitze) durch das Mehrheitswahlrecht ersetzten und die staatliche Parteienfinanzierung weitgehend abbauten (der Vorschlag zur Mehrheitswahl für die Kommunen kam wegen eines neuen Gesetzes hierzu nicht zur Abstimmung). Außerdem sollten die Ministerien für Staatsbeteiligungen, für Landwirtschaft und Forsten sowie für Tourismus abgeschafft und Ernennungsrechte des Finanzministers für Sparkassendirektoren beseitigt werden. Damit waren zentrale, über Jahrzehnte festgefressene Machtmechanismen des Parteienstaates („partitocrazia") im Rekrutierungsbereich und im Filz der Staatswirtschaft in Frage gestellt, man sprach von einer „neuen Republik" (Segni). Die Abstimmungen am 18. April 1993 erbrachten bei einer Beteiligung von 77 Prozent Zustimmungswerte zwischen 70 und 90 Prozent. Das schien der Abschied von den Machtstrukturen der alten Republik. Im Parteiensystem vollzogen sich wesentliche Neustrukturierungen, die schließlich in eine neue Polarisierung mündeten (Ulivo-Bündnis vs. „Pol der Freiheit" unter Berlusconis Führung).

Diese Umbruchprozesse im politischen System Italiens wären ohne Zweifel im parlamentarischen Rahmen durch Wahlen, auf Basis des alten Wahlrechts, und durch Parlamentsgesetze zur Umschichtung von Macht nicht zustande gekommen. Sie wurden eingeleitet durch Reformkräfte am Rande des alten Parteiensystems (z. B. christdemokratische Gruppen um Segni), kleine Oppositionsparteien wie die Radikalen Panellas, die schon seit den 70er Jahren Referendumsstrategien verfolgten, sowie Teile der Gewerkschaften und der postkommunistischen Linken, Linksliberale, zivilgesellschaftliche Gruppierungen, Intellektuelle, Reformer im Justizapparat usw. Für die Wahlrechtsreformen von 1993 sprachen sich allerdings auch die (im Umbruch befindliche) DC, der Partito Socialista Italiano (PSI), kleine Altparteien, Lega Nord u. a. aus. In diesen Mustern der Aktivierung und Umorientierung zeigen sich viele Unterströmungen gesellschaftlicher Ausdifferenzierungen seit den späten 60er Jahren, die erst mit dem Aufweichen der strukturellen Blockierung des politischen Systems hervortreten konnten. Die jahrzehntelange Koalitionsherrschaft der Christdemokraten hatte Machtstrukturen und eine Lagerdominanz zementiert, die keinen parlamentarischen Mehrheitswechsel zuließen. Dagegen fungierte die Initiative zum (Aufhebungs-)Referendum vor 1990 nur in einigen markanten Fällen als erfolgreiches Oppositionsinstrument (vor allem Moralfragen und Energiepolitik) breiter säkular und ökologisch orientierter Koalitionen. Entscheidende Bedeutung erlangte der direktdemokratische Verfahrensweg als *Transformationsinstrument* zur Öffnung der Machtstruktur. Dazu gehörten sicherlich als weitere Faktoren günstige übergreifende Umstände der Weltpolitik, nämlich das Ende des Kalten Krieges. Die Intensität des Transformationsprozesses und die breite Beteiligung der Stimmbürger wäre jedoch in anderen Formen schwer vorstellbar gewesen.

Das Aufbrechen der Lagerdominanz ermöglichte nun zwar ein offenes Konkurrenzsystem zwischen der neugeformten PDS und Berlusconis „Forza Italia" als jeweils stärkster Kraft linker und rechter Koalitionen, die sich seit 1994 zweimal an der Regierung ablösten. Doch waren in diesem Parteiensystem neue Konfliktkonstellationen angelegt, insbesondere angesichts von Berlusconis Quasi-Monopol im privaten TV-Markt. Hierauf richtete sich die nächste Gruppe von Referenden beim Urnengang im Juni 1995, die zusammen mit weiteren Themen wie „repräsentative" Gewerkschaften und Gemeindeangelegenheiten alle ca. 57 Prozent Beteiligung erreichten. Die drei Abstimmungen zur Einschränkung der privaten Fernsehmacht blieben mit ca. 43 Prozent jeweils unter der Mehrheit, während das Referendum mit Gegentendenz, das auf Antrag der Lega Nord auf eine Teilprivatisierung des öffentlich-rechtlichen Fernsehens (RAI) abzielte, ca. 55 Prozent Zustimmung mobilisierte. Damit wurde eine neu strukturierte, nunmehr private Machtballung im politisch wirksamen Mediensektor hingenommen, was inzwischen mit dem Wahlsieg von Berlusconis Koalition 2001 bekräftigt wurde. Später scheiterten an drei Urnengängen (1997, 1999 und 2000) insgesamt 15 Referendumsvorschläge zu Personalstrukturen in der Justiz, zu staatswirtschaftlichen Fragen usw. bei nur 30 bis 32 Prozent am Beteiligungsquorum. Insbesondere konnten weitere Versuche, die fortbestehenden Teile des Verhältniswahlrechts abzuschaffen und die Wahlkampfkostenerstattung zu reduzieren, trotz Mehrheiten von 70-90 Prozent nicht die Beteiligungshürde von 50 Prozent überspringen. Extrem knapp war das Ergebnis bei der Abstimmung im April 1999 gegen das Verhältniswahlrecht, die bei 91,5 Prozent

Zustimmung nur 49,6 Prozent Beteiligung erbrachte. Der Reformwille der frühen 90er Jahre erreichte offenbar nicht mehr dieselbe direktdemokratische Durchschlagskraft.

Insgesamt ist unverkennbar, dass im Lauf der 90er Jahre überwiegend nur der Horizont struktureller Machtkonflikte eine Aktivierung der Stimmbürger hervorbringen konnte, die das Stimmbeteiligungsquorum von 50 Prozent aller Stimmberechtigten zu überwinden erlaubte. Im Rahmen der Parteienpolarisierung allein wird dies kaum gelingen. Damit sind auch die Möglichkeiten für etwas weniger dramatische Reformimpulse aus zivilgesellschaftlichen Aktivitäten heraus eng begrenzt, solange das Beteiligungsquorum in der jetzigen Höhe fortbesteht. Allerdings wird auch ohne Aussicht auf definitive Abstimmungserfolge die Thematisierung und öffentliche Debatte kritischer Problemlagen der Gesellschaft zu den wichtigen Funktionen von Referendumsinitiativen in Italien gehören.

11.3 Dänemark: Souveränitätsentscheidungen im Konsens

Dänemark ist vor allem durch seine europabezogenen Volksabstimmungen bekannt geworden. Den Hintergrund bildet das Grundverständnis der dänischen Verfassung, dass bedeutende Entscheidungen im *obligatorischen Referendum* dem Volk vorzulegen sind. Das galt für Verfassungsänderungen seit 1915 und in erleichterter Form seit 1953, doch seitdem gab es keinen praktischen Anwendungsfall. Zwei Themenbereiche müssen jedoch in den Volksentscheid, mit einem Ablehnungsquorum von 30 Prozent der Stimmberechtigten: Zum einen konnte das Wahlalter (Art. 29) bis 1978 in vier Referenden nur so auf schließlich 18 Jahre gesenkt werden. Den zweiten Fall bildet die Übertragung von Souveränitätsrechten (Art. 20). Die Abstimmung entfällt, wenn fünf Sechstel der Parlamentsmitglieder für einen entsprechenden internationalen Vertrag gestimmt haben. Der Beitritt Dänemarks zur EG 1972 erreichte diese Parlamentsmehrheit nicht, wurde aber vom Volk bestätigt. Danach hatte die Abstimmung über die Einheitliche Europäische Akte 1986 einen Volksmehrheit gefunden, allerdings in einem anderen Verfahren: dem einzigen Fall einer konsultativen Volksbefragung (Art. 19), die eine

Minderheitsregierung erfolgreich angesetzt hatte. Umgekehrt wurde der Maastricht-Vertrag 1992 (immerhin mit vier Fünftel Parlamentszustimmung) im Volksentscheid nach Art. 20 abgelehnt. Um schließlich die Maastricht-Ablehnung zu heilen, wurde nach den EG-Zugeständnissen von Edinburgh vom Parlament trotz erreichter 5/6-Mehrheit ein besonderes Abstimmungsgesetz (mit Entscheidungsbindung) beschlossen, das 1993 auch zu einem positiven Volksentscheid führte. Schließlich kam es im Jahr 2000 erneut zur Ablehnung einer europäischen Integrationsmaßnahme, nämlich gegen die Einführung des Euro.

Trotz dieser Verfahrensvariationen ist der Grundgedanke offensichtlich, nämlich ein vom Konsensprinzip geprägter Umgang mit den Souveränitätsrechten des Landes. Die Wahrung dieses Konsensus wird notfalls in die Hände der Stimmbürger gelegt, und zwar in die Verwerfungskompetenz des Volkes. Dabei ist ein verfahrensmäßiger Aspekt interessant. Ein Vertrauensvorschuss wird den Repräsentationsorganen (Regierung, Parlamentsmehrheit) mit ihrer Vorlage eingeräumt – aber ebenso denjenigen Stimmbürgern, die sich an der Abstimmung beteiligen: Denn die *Ablehnung* der Vorlage tritt (bei Art. 20) zusätzlich zum Mehrheitskriterium nur bei einem expliziten Nein-Votum von 30 Prozent der Stimmberechtigten ein. Hingegen wird bei einem Zustimmungsquorum (wie in Deutschland üblich) den Stimmbürgern, die sich an der Abstimmung beteiligen, ein größeres Misstrauen entgegengebracht als denen, die sich enthalten (die automatisch als Nein-Stimmen gewertet werden).

Diese Konsensorientierung kommt auch darin zum Ausdruck, dass in Dänemark relativ häufig Minderheitsregierungen bemüht und in der Lage waren, Gesetzgebungsmehrheiten über längere Zeiträume zu erreichen. Es gibt ein weiteres direktdemokratisches Verfahren, dessen geringe Nutzung auf diesem Hintergrund verständlich wird. Das 1953 als Preis für die Abschaffung der Zweiten Kammer eingeführte parlamentarische Minderheitsreferendum (Art. 42) ermöglicht es einem Drittel des Parlaments, einen Gesetzesbeschluss zur Volksabstimmung zu stellen. Dies geschah nur im Jahr 1963 zu vier Planungsgesetzen. Bogdanor (1994: 73) vermutet, dass diese Option auf dem Hintergrund allgemeiner Konkordanzneigungen die Bemühung der Regierungen um konsensfähige Lösungen implizit unterstützt.

11.4 Irland – Sicherung der moralischen Verfassung

Erstaunlich oft wird in Irland das Volk zur Abstimmungsurne gerufen. Hierfür gibt es jedoch keine Initiative von unten, etwa als Gesetzesinitiative oder Referendumsinitiative (fakultatives Referendum). Ein dem Gesetzesreferendum ähnliches Verfahren müsste mit Bezug auf ein Gesetz der Regierungsmehrheit im Repräsentantenhaus durch drei Akteure (Senatsmehrheit, ein Drittel des Repräsentantenhauses, Präsident) gemeinsam „von oben" ausgelöst werden und hat deshalb in der Praxis keine Rolle gespielt. Allerdings kennt Irland seit der Verfassung von 1937 das *obligatorische Verfassungsreferendum*, und genau darum handelt es sich bei den 26 Volksabstimmungen, die seit 1945 bis 2002 stattgefunden haben. Im Verfassungsreferendum Irlands wird mit einfacher Mehrheit abgestimmt. Drei wichtige Themenkomplexe standen im Vordergrund: Die Abschaffung der Verhältniswahl und Änderungen der Wahlkreiseinteilung wurden 1959 und 1968 jeweils abgelehnt. Der Beitritt zur Europäischen Gemeinschaft 1972 und die Vertragsänderungen 1987, 1992 und 1998 fanden Zustimmung, allerdings wurde der Nizza-Vertrag im Juni 2001 abgelehnt. Sechs Abstimmungen seit 1972 (und eine weitere in Frühjahr 2002) betrafen Moral- und Kirchenthemen (u.a. Scheidung, Abtreibung) und waren besonders umkämpft. Dabei obsiegten bis in die 90er Jahre die moralisch konservativeren Positionen (z. T., wie bei der Scheidung, in Form der Ablehnung etwas liberalerer Vorlagen). In der Abtreibungsfrage konnte eine säkulare Tendenz erst 2002 stärker hervortreten, als ein Parlamentsbeschluss zu einer neuerlich restriktiveren Verfassungsänderung im Volksentscheid eher knapp unterlag.

Am irischen Beispiel fällt auf, wie stark Fragen moralischer Lebensordnung in der Verfassung verankert wurden und eben aus diesem Grund bei Veränderungsabsichten Gegenstand des Verfassungsreferendums werden mussten. Die Institutionalisierung des obligatorischen Verfassungsreferendums fungiert hier selbst als Instrument des Bestandsschutzes tief verankerter Normen, während in anderen Verfassungen solche Funktionen etwa durch das Erfordernis qualifizierter Parlamentsmehrheiten für Verfassungsänderungen oder auch durch Verfassungsgerichte wahrgenommen werden. Im politischen Prozess Irlands ist im Übrigen gut ablesbar, welch dominierende Rolle die zentralen Repräsentativorgane (Regierung, Parlament, Parteien) bei der Ausformung der Konfliktthemen, ihrer Ausgestaltung als Änderungsvorschlag und in der öffentlichen Abstimmungsdebatte einnehmen. Dass sich neuerdings an der Debatte ein breiteres Akteursspektrum beteiligt, ist selbst Ausdruck des gesellschaftlichen Differenzierungs- und Modernisierungsprozesses, der von verfassungs- und mehrheitsfähigen Moralstrukturen wegführt. Die Bereitschaft zur Unterstützung der Regierungspolitik in äußeren Existenzfragen zeigt sich in der stabilen Akzeptanz der EG/EU-Bindungen (bis auf den Nizza-Vertrag 2001) ebenso wie bei der Abstimmung im Mai 1998 zur Aufhebung der Verfassungsartikel (2, 3 und 29), die den Anspruch Irlands auf das ganze Inselterritorium festgeschrieben hatten und damit einer Lösung des Nordirland-Konflikts im Wege standen.

Insgesamt zeigen sich also in den vier Ländern markante Profilunterschiede der direktdemokratischen Verfahren, der Praxis und der Systemeinbindung. In *Irland* und *Dänemark* dominiert der Verfahrenstypus des *obligatorischen Referendums*, der im dänischen Fall primär auf Souveränitätsverschiebungen zugunsten der Europäischen Gemeinschaft/Union angewandt wurde, während in Irland neben europäischen Souveränitätsfragen und Themen der Staatsidentität und des Nordirlandkonflikts vor allem religiös-moralische Grundwerte mit Verfassungsverankerung zum Volksentscheid gebracht wurden. In beiden Fällen soll das Referendum die Wahrung eines gesellschaftlichen oder politischen Basiskonsenses sicherstellen. Den extremen Kontrastfall stellt *Österreich* dar, wo in der Praxis das „Volksbegehren" als Parlamentsanregung ohne Weg zum Volksentscheid völlig überwiegt, während das obligatorische Verfassungsreferendum nur einmal (Verfassungsänderung wegen EU-Beitritt 1994) und das von oben ausgelöste Gesetzesreferendum ebenfalls nur einmal (Zwentendorf 1978) angewandt wurde. Dazwischen liegt der Fall *Italiens*, wo das Verfahren der Initiative zur Gesetzesaufhebung oder -änderung (abrogatives Referendum) inzwischen häufige Anwendung fand und mit seinem Entscheidungscharakter in zahlreichen Fällen zu gesellschaftlichen Veränderungen und insbesondere Anfang der 90er Jahre zum Wandel der politischen Machtstrukturen beitrug. Die „Verfassung" der Institution Direkte Demokratie, also die verfügbaren Verfahrenstypen und ihre Verknüpfung mit dem repräsentativen politischen System, bestimmt demnach zusammen mit dem Kontext der politischen Kultur die Anwendungsmöglichkeiten und die Wirkungen wesentlich mit.

Leseempfehlungen

BOGDANOR, Vernon: Western Europe, in: BUTLER, David / RANNEY, Austin (Hrsg.): *Referendums around the World.* Washington D.C. : AEI Press, 1994 S. 24–97

CAPRETTI, Anna: *Öffnung der Machtstrukturen durch Referenden in Italien. Eine pluralismustheoretische Analyse.* Frankfurt a.M. u.a. : Peter Lang, 2001 (Interdisziplinäre Europa-Studien 2)

ERNE, Roland: Obligatorisches Referendum, Plebiszit und Volksbegehren – drei Typen direkter Demokratie im europäischen Vergleich, in: SCHILLER, Theo / MITTENDORF, Volker (Hrsg.): *Direkte Demokratie. Forschung und Perspektiven.* Wiesbaden : Westdeutscher Verlag, 2002

JUNG, Sabine: *Die Logik direkter Demokratie.* Wiesbaden : Westdeutscher Verlag, 2001

Weitere Literatur

CAPRETTI, Anna: Direkte Demokratie in Italien, in: HEUSSNER, Hermann K. / JUNG, Otmar (Hrsg.): *Mehr direkte Demokratie wagen.* München : Olzog, 1999 S. 123–141

DANZER, Olaf: *Irland und Italien – Auf dem Weg zu einer Referendumsdemokratie?*, Hamburg, Diplomarbeit, 1995. – URL: http://www.fu-berlin.de/hyperthek/arbeiten/i_p/oda_irl1.htm

LUTHARDT, Wolfgang: *Direkte Demokratie. Ein Vergleich in Westeuropa.* Baden-Baden : Nomos, 1994

MÖCKLI, Silvano: *Direkte Demokratie. Ein Vergleich der Einrichtungen und Verfahren in der Schweiz und Kalifornien, unter Berücksichtigung von Frankreich, Italien, Dänemark, Irland, Österreich, Liechtenstein und Australien.* Bern, Stuttgart, Wien : Haupt, 1994 (Sankt Gallener Studien zur Politikwissenschaft 16)

MÜLLER, Wolfgang C.: Das Regierungssystem, in: DACHS, Herbert / GERLICH, Peter u. a. (Hrsg.): *Handbuch des Politischen Systems Österreichs*. 3. erw. Aufl. Wien : Manz, 1997 S. 71–83

12. Die öffentliche Abstimmungsdebatte

Ein direktdemokratisches Entscheidungsverfahren ist als politischer Prozess mit drei Hauptetappen zu verstehen: die Vorbereitungsphase, die öffentliche Abstimmungsdebatte einschließlich Abstimmung, und schließlich die hier nicht vertiefte Umsetzungsphase. Die *Vorbereitungsphase* umfasst dabei alles von der Initiierung bis zur erfolgreichen Platzierung des Volksbegehrens auf der politischen Tagesordnung. Die zweite Hauptphase dient der Entscheidungsvorbereitung durch Meinungs- und Willensbildung in der *öffentlichen Abstimmungsdebatte* bis zur Entscheidung am Abstimmungstag.

Wie parlamentarische Entscheidungen durch Beratungsprozesse und öffentliche Debatten vorbereitet werden, geht auch einer Volksabstimmung in der Stimmbürgerarena eine Phase der Entscheidungsvorbereitung zur öffentlichen Meinungs- und Willensbildung voraus. Ihr Kernstück nennen wir die *öffentliche Abstimmungsdebatte*. Möckli (1994) ordnet diesem Prozess im Rahmen seines Phasenmodells eine Meinungsbildungsphase und eine Entscheidungsphase zu, Rehmet u. a. (1999) fassen diese zur öffentlichen Meinungsbildungs- und Entscheidungsphase zusammen. Andere Autoren sprechen, etwas zu eng, von Abstimmungskampf oder Abstimmungskampagne. Der Begriff „öffentliche Abstimmungsdebatte" erfasst die wesentlichen Prozesselemente dieser Phase in der Stimmbürgerarena: Die Meinungsbildung zielt nicht nur auf eine unverbindliche „öffentliche Meinung", sondern ist entscheidungsbezogen auf die Abstimmung hin ausgerichtet. Sie wendet sich potentiell an alle Stimmberechtigten und kann daher nur öffentlich und kommunikativ stattfinden. Sie ist geprägt von kontroversen Positionen und bietet zu deren Klärung Informationen, Argumente und weitere Formen der Überzeugung und Beeinflussung, ist also sicherlich nicht nur „Diskurs", sondern eben kontroverse Debatte. Die öffentliche Abstimmungsdebatte wird zum Teil schon während der Vorbereitungsphase bis zum Volksbegehren einsetzen und insoweit nicht strikt als eigene Phase abgrenzbar sein, doch in jedem Fall bildet sie den Kern des Prozesses bis zur Abstimmung selbst. Für den Demokratieanspruch direktdemokratischer Verfahren ist diese öffentliche Debatte jedenfalls von entscheidender Bedeutung. Nur wenn ein politischer Wille in öffentlicher Beratung nachvollziehbar gebildet wird, können bei diesem themenzentrierten Verfahren die Wertmaßstäbe der Demokratie Geltung erlangen.

12.1 Relevanz der Abstimmungsdebatten

Von einer Abstimmungsdebatte könnte man unter zwei gleichermaßen unrealistischen Annahmen nicht reden: Würden – entsprechend einer verbreiteten Befürchtung – Propaganda und Demagogie dominieren, die Stimmbürger als beliebig beeinflussbar und als bloßes Objekt von Manipulation erscheinen – dann gäbe es keine „Debatte". Wären sie umgekehrt in ihren Positionen zu den Entscheidungsthemen bereits völlig festgelegt, würde die Abstimmung nur Schemata abrufen – eine „Debatte" wäre unfruchtbar und irrelevant. Da die Wahrheit wohl dazwischen liegt, lohnt sich die Frage, in welcher Weise Abstimmungsdebatten „einen Unterschied machen".

Festgelegte Meinungen der Stimmbürger können sich aus starren Vorurteilen, Weltbildern und Ideologien, strikter Orientierung an Parteipositionen oder aus Organisationsmitgliedschaften (Verbände, Religionsgemeinschaften u. Ä.) ergeben. Nach übereinstimmenden Untersuchungen in der Schweiz und in den USA (u. a. Longchamp 2002; Kriesi 1994; Magleby 1994) entspricht ein solches Schablonenbild nicht der Situation vor Volksabstimmungen. Im Vorfeld besteht vielmehr eine erhebliche Offenheit der Meinungen und Entscheidungsabsichten, und während der öffentlichen Debatte (in der Regel mehrere Monate) vollziehen sich in nennenswertem Umfang Meinungsveränderungen. Von einer beliebigen Formbarkeit und Beeinflussbarkeit der Meinungen zum Entscheidungsthema kann ebenfalls keine Rede sein. Vielmehr geht die Forschung von drei Meinungstypen aus: (1) vorbestimmte Meinungen (prädisponierte Meinungen, standing opinions), (2) labil vorbestimmte (prädisponierte) Meinungen, (3) nicht vorbestimmte Meinungen (Longchamp 2002; Möckli 1994). Diese Meinungstypen sind jedoch nicht von vornherein mit bestimmten sozialen Gruppen verquickt, sondern sie sind themenspezifisch anzutreffen. Zu bestimmten Themen mag der Anteil prädisponierter Meinungen höher und ausgeprägter sein, sich auch sozial spezifisch verteilen, bei anderen Themen können labil oder nicht vorbestimmte Meinungen dominieren. Neue und komplexe Themen dürften wegen Informationsdefiziten und bei geringem Orientierungsangebot zunächst Unsicherheit mit sich bringen, hier sind späte Meinungsfestlegung, Enthaltung oder Meinungsänderung wahrscheinlich. Bei stark vorbestimmten Meinungen sind wenig Meinungsänderungen und Lernprozesse zu erwarten, Kampagnen zielen hier vor allem auf Mobilisierung. Aber selten wird einer dieser Meinungstypen eine ganze Debattenkonstellation dominieren. Bei zahlreichen Themen wird es für viele Stimmbürgerinnen und Stimmbürger das Bedürfnis geben, zusätzliche Informationen und Entscheidungshinweise aufzunehmen.

Als starker Orientierungsfaktor, der Prädispositionen von Meinungen prägen könnte, kommen politische Parteien und die starke Parteibindung von Bürgern (als Wähler) in Frage. Für die USA und die Schweiz gibt es zwar durchaus langjährige Parteiloyalitäten, doch für die Meinungsbildung zu Abstimmungsthemen spielen Parteiorientierungen als Prädispositionsfaktor eine relativ geringe Rolle. Das könnte in anderen Ländern und politischen Kulturen anders sein, doch selbst in Italien mit seinen lange Zeit festgefügten Lagerbindungen gab es offenbar seit den 70er Jahren eine themenspezifische Abnahme dieser Prägekraft im katholischen Milieu. In Ländern wie der Bundesrepublik Deutschland vollzieht sich seit längerem eine Erosion der Stammwählerbindung bei den großen Volksparteien, so dass auch die Fähigkeit der Parteien zur Präformierung themenspezifischer Einstellungen nachlassen dürfte. Für andere gesellschaftliche Organisationen mit starker Bindekraft wie Kirchen oder Gewerkschaften gibt es ähnliche Tendenzen. Die Grundkonstellation ist also eher von einem pluralistischen Orientierungsangebot bestimmt. Dennoch wird es ein gewisses Spektrum prädisponierter Meinungen geben, die aus Werten, Interessen, Persönlichkeitsdispositionen, Organisationsbindungen und Medienorientierung gespeist werden. Doch bleibt genügend Offenheit, Unsicherheit und Orientierungsbedarf, um die öffentliche Abstimmungsdebatte relevant zu machen.

12.2 Kommunikationsformen

Die Abstimmungsdebatte findet in der „Öffentlichkeit" statt, also in den auch für die Stimmbürgerarena geeigneten, eingespielten Formen politischer Kommunikation. Dazu gehören drei Ebenen:

- die interpersonale Kommunikation in Familien-, Freundes- und Bekanntenkreisen (diese Ebene darf wegen ihrer nachgewiesenen Bedeutung nicht vernachlässigt werden);
- die Ebene interaktiver Kommunikation, z. B. in Form von Veranstaltungen, Manifestationen u. Ä., evtl. auch in Netzwerken verflochten mit Organisationsmitgliedschaften oder –nähe, künftig vielleicht auch stärker im Internet;
- die Ebene der Massenkommunikation in Presse, Rundfunk, Fernsehen.

Die interpersonale Kommunikation stellt einen wichtigen Filter und Verstärker für andere Kommunikationsquellen dar, zentriert oft auf relativ homogene Meinungen und kommt daher auch als Stabilisierungsfaktor für prädisponierte Meinungen in Frage.

Für die anderen Kommunikationsformen findet man unterschiedliche Strukturmuster für die Kommunalebene und die Staatsebene. Auf der *Kommunalebene* steht die Presse im Vordergrund, bei größeren Städten z. T. auch Rundfunk. Außerdem kann hier interaktive Kommunikation in Form von Veranstaltungen stärker zur Wirkung kommen. In Großstädten und Ballungsräumen finden sich bereits Übergangsstrukturen, wobei Fernsehen schon eine größere Rolle spielt, besonders in den USA. Auf *Staatsebene* dominiert die Massenkommunikation mit Presse, Rundfunk und vor allem Fernsehen. Hier kann Veranstaltungskommunikation hinzutreten, wenn sie während der Abstimmungsdebatte organisatorisch bewältigt werden kann.

Im Rahmen schweizerischer Volksabstimmungen wurde festgestellt, dass jedenfalls für die Stimmenden die Presse (redaktionelle Artikel) mit über 80 Prozent am häufigsten zur Information herangezogen wird, gefolgt von Fernsehen (75), Rundfunk (60), den offiziellen Abstimmungserläuterungen (60), Inseraten und Leserbriefen (jeweils ca. 40) und Drucksachen (etwa 30 Prozent). Durchschnittlich werden mehr als vier verschiedene Quellen herangezogen. In den USA (die Untersuchungen beziehen sich meist auf Kalifornien) steht das Fernsehen höher im

Kurs, insbesondere bei den niedrigeren sozialen Schichten, während die höheren Schichten und die besser Informierten auch Zeitungen stärker in Anspruch nehmen. Das dem schweizerischen Abstimmungsbüchlein entsprechende „Voter Pamphlet“ oder „Ballot Book“ wird als neutral und informativ zwar durchaus geschätzt, jedoch nur von einer Minderheit ernsthaft genutzt. Wieweit Veranstaltungen angeboten und von Stimmbürgern besucht werden, wurde leider selten breiter untersucht. Im Gesamtbild der Kommunikationsformen fällt auf, dass die Presse in der öffentlichen Abstimmungsdebatte doch noch eine erstaunlich große Rolle spielt und selbst in den USA nicht so weit hinter dem Fernsehen zurückhängt, wie nach den Mustern des sonstigen Politikbetriebs zu vermuten wäre.

12.3 Akteure der Abstimmungsdebatte

In der öffentlichen Abstimmungsdebatte wird augenfällig, wie stark die Verfahren der direkten Demokratie mit dem politischen Gesamtsystem verschränkt sind. Denn die meisten auftretenden Akteure sind natürlich *„Standardakteure“* des Repräsentativsystem oder des „zivilgesellschaftlichen“ Pluralismus von Interessengruppen. Dazu gehören die jeweiligen Regierungen, die Parlamentsfraktionen und die Parteien, wobei in den USA die Parteien als solche selten mitwirken, häufiger einzelne Abgeordnete oder Abgeordnetengruppen. Aus dem gesellschaftlichen Raum werden die etablierten Interessenverbände ebenso aktiv wie spezielle Interessengruppen, von denen sich allerdings nur eine themenspezifische Auswahl stärker engagieren dürfte. Einzelne Großunternehmen treten möglicherweise selbst an Stelle oder zusammen mit ihren speziellen Wirtschaftsverbänden in den Ring. Zu denken ist auch an diverse Bürgerinitiativen und Ad-hoc-Gruppen, auch im Kontext sozialer Bewegungen. Kirchen/Religionsgemeinschaften, andere wertorientierte Gruppen und gemeinwohlorientierte Verbände („public interest groups“) runden dieses Spektrum ab. Die Medien greifen zum Teil auch selbst als Akteure mit eigenen Positionen in eine Debatte ein. Aus der breiten Stimmbürgerschaft melden sich sehr viele in Form von Leserbriefen zu Wort, was auf eine nicht nur passive Rezipientenrolle hindeutet. Mitunter werden auch Einzelpersonen mit Expertenstatus oder auch profilierte Repräsentanten bestimmter Meinungsrichtungen in der Debatte aktiv.

Eine Sonderrolle in der Debattenarena spielen die *Initiatorengruppen* (auch Personen, Organisation), die zu den genannten Akteurskreisen gehören können, manchmal auch als Einzelakteure im Sinne „politischer Unternehmer" hervortreten (mehrfach in den USA, aber auch beim Volksbegehren gegen die Rechtschreibreform in Schleswig-Holstein 1998). Initiatorengruppen sind oft bereits mit einem gewissen Bündnischarakter angelegt, werden aber im Prozessverlauf weitere Koalitionsverbindungen anstreben. Für ihr Ziel eines Abstimmungserfolgs müssen sie große Zahlen von Stimmbürgern erreichen und überzeugen, im Rahmen der öffentlichen Kontroverse die Kampagnen der Gegenakteure abwehren und weniger ablehnende Akteure auf ihre Seite ziehen: Sie werden daher mit einer ausgeprägt strategischen Einstellung in die Debatte eintreten. Das gilt auch für die von der Initiative herausgeforderten Gegenakteure, die eine angefochtene politische Entscheidung aufrechterhalten, eine vorgeschlagene verhindern oder einen Eingriff in ihre Interessenposition abwehren wollen.

Diese zugespitzte Konkurrenzsituation bringt sicherlich Gefahren propagandistischer Manipulation mit sich, etwa den Einsatz vereinfachender Slogans, die Mobilisierung von Emotionen, Verfälschung der Entscheidungsfrage, Fehlinterpretation von Interessenlagen usw. Hier sind auch die Professionalisierung der Abstimmungskommunikation, das Auftreten von „Initiativ-Firmen" und die Auswirkungen großer Finanzmittel auf das Abstimmungsergebnis relevant. Während in der Schweiz Studien aus den frühen 80er Jahren (Gruner und Hertig 1983; Hertig 1982) die „Käuflichkeit von Abstimmungen" konstatierten, liegen seitdem differenziertere Analysen vor, die zum Teil durchaus größere Mitteleinsätze aufzeigen, jedoch kein durchgängiges Erfolgsmuster finden konnten (Linder 1999b; Longchamp 2002; Kriesi 1994). In den USA sind die Verhältnisse allerdings problematischer. Der Mitteleinsatz ist hier weitaus höher, die Professionalisierung und Kommerzialisierung stärker ausgeprägt, und insbesondere wird häufiger Fernsehwerbung eingesetzt (in der Schweiz hingegen ist politische Werbung im Fernsehen nicht erlaubt). Große Teile der Mittel für oder gegen Initiativen kommen von Unternehmen (z.B. 1990 zwei Drittel, bei den 18 teuersten Initiativen von 1952-1990 sogar rd. 80 Prozent). Beim höchsten Kosteneinsatz der 80er und frühen 90er Jahre (z. B. in fünf Fällen bis 1993 über 20 Mio. Dollar) ging es unmittelbar um Unternehmensinteressen von Brauereien, Autoversicherungs-, Tabak- und Ölfirmen. Doch trotz etwas höherer Erfolgsquote gibt es keinen linearen Zusammenhang zwischen Finanzmitteln und Erfolg. Auch ist nicht die absolute Höhe der Finanzmittel, sondern Verteilung und Differenz zwischen der Pro- und der Kontra-Seite von Belang, außerdem können offenbar eher Initiativen verhindert als durchgesetzt werden. Dass solche Kosten von Abstimmungskampagnen überhaupt bekannt sind, ist den strengen Offenlegungspflichten in den USA auch auf Ebene der Einzelstaaten zu verdanken, die für Wahlkampagnen ebenso wie für Abstimmungskämpfe gelten. Die Transparenz der Höhe und Herkunft der Mittel mag insoweit etwas zur Reduzierung des Finanzeffekts beitragen. Einzelne US-Staaten kennen auch Regelungen zur Begrenzung des Kampagnenaufwands. Zur Bewertung wird man diese Formen der politischen Auseinandersetzung in den Gesamtkontext des amerikanischen Politikbetriebs stellen müssen, in dem auch extrem teure Wahlkampagnen zu Regierungs- und Parlamentsämtern üblich sind. Auch bei Parlamentsentscheidungen finden immer wieder öffentliche Einflusskampagnen als „Begleitmaßnahme“ statt, abgesehen von den unmittelbaren Einwirkungen insbesondere von Wirtschaftsinteressen auf politische Entscheidungsvorgänge.

Solche Auswüchse von Abstimmungspropaganda können als Zuspitzung einer Entscheidungskonkurrenz entstehen, die auf Mehrheitsgewinn in der Stimmbürgerarena gerichtet ist. Da es in der Demokratie grundsätzlich darum geht, alle oder doch viele zu beteiligen und ein breites Spektrum von Interessen und Meinungen zu berücksichtigen, sind solche Wettbewerbskonstellationen letztlich unvermeidlich. Es kommt darauf an, eine *offene* Wettbewerbsstruktur zu wahren und die immer drohenden Schließungstendenzen zugunsten etablierter Machtstrukturen einzudämmen. Wie für die Parteienkonkurrenz bei Wahlen muss daher auch für Volksabstimmungen ein Rahmen offener Wettbewerbsbedingungen gesichert werden. Am Maßstab der Demokratie kommt es wesentlich darauf an, dass der Abstimmungswettbewerb im Kern immer noch eine *öffentliche Debatte* um Politikinhalte und Entscheidungspositionen bildet. Dieser Anspruch wird dadurch begünstigt, dass direkte Demokratie institutionell die *Themenzentrierung* des Entscheidungsprozesses sichert. Während bei Wahlkämpfen häufig die Programmatik der Parteien und Kandidaten in den Hintergrund tritt und durch Personalisierung und Imagekampagnen überlagert wird, kann man letztlich bei der Abstimmungsdebatte dem Entscheidungsthema nicht ausweichen. Die thematisierte Maßnahme kann mit der Vielfalt ihrer Entscheidungskomponenten diskutiert werden, seien es die auslösende gesellschaftliche Problemlage, die tangierten Werte und Interessen, die Eignung des Instruments zur

Problemlösung oder auch die Kosten, die Nebeneffekte oder die langfristige Effektivität. Sicher entsprechen die Abstimmungsdebatten nicht dem Idealbild des herrschaftsfreien Diskurses und seinen strengen Regeln, doch die themenzentrierte Debatte bietet immerhin den Ansatzpunkt für politische Diskursivität mit Mindestregeln der Fairness. Die Transparenz der Positionen, ein gewisses Maß an Eingehen auf die Gegenseite und ihre Argumente sowie Beiträge zur Objektivierung und zur Suche nach Konsensmöglichkeiten gehören zu einer solchen Debattenkultur. Sie sind umso öfter zu finden, je länger Erfahrungen mit Entscheidungsfindung in der direktdemokratischen Abstimmungsarena gemacht werden konnten.

Auch wenn die meisten Akteure der Abstimmungsdebatte „Standardakteure" sind, wird die harte Konfrontation der Hauptgegner oft dadurch gemildert, dass bei verschiedenen Themen die Gegnerkonstellation wechselt und immer ein gewisses Spektrum an *„dritten Akteuren"* vorhanden ist, zumal in pluralistisch oder gar „zivilgesellschaftlich" ausdifferenzierten Gesellschaften. Sie werden je nach Themenkonstellation etwas weniger strategisch engagiert sein, sich aber trotzdem beteiligen und dabei eine neutralere Rolle einnehmen können. In diese Richtung können Medien wirken, aber auch Wissenschaftler, wertorientierte Gruppen und gemeinnützig orientierte Organisationen (public interest groups). Wenn Parteien auch in der Schweiz (in den USA sind sie ohnehin schwächer) nur in bescheidenem Maße von den Stimmbürgern als Orientierungsgröße herangezogen werden, deutet das auf einen Bedarf nach solchen weiteren Debattenteilnehmern hin, die wohl als neutraler und glaubwürdiger wahrgenommen werden.

12.4 Politische Lernprozesse in der Stimmbürgerarena

Der gravierendste Einwand gegen direkte Demokratie als Institution besteht in der Behauptung, die Stimmbürgerinnen und Stimmbürger seien angesichts der Komplexität der Entscheidungsthemen nicht kompetent und daher überfordert. Geht man von der unmittelbar zu einem Thema abrufbaren Urteilsfähigkeit aus, mag das auch in erheblichem Maße zutreffen. Doch Kompetenz umfasst mehr, nämlich vor allem die Fähigkeit, zu einem Entscheidungsgegenstand in begrenzter Zeit notwendige Informationen aufnehmen, Beurteilungsmaßstäbe aktivieren und die notwendigen Reflexionen und Abwägungen vornehmen zu können. Dafür muss die öffentliche Abstimmungsdebatte einen angemessenen Rahmen bereitstellen. Dazu gehört Zeit, ein sachgerechtes, überschaubares und hinreichend vielfältiges Informationsangebot, die Bereitschaft der kontroversen Akteure, zu einem Argumentationsprozess mit gegenseitiger Bezugnahme beizutragen, und die transparente Erörterung der mit dem Thema aufgeworfenen Wert- und Interessenfragen. Soweit sich Stimmbürger nicht selbst (über das persönliche Umfeld hinaus) aktiv an dieser Kommunikation beteiligen, müssen sie ein Minimum an Verständnis für die Problemzusammenhänge als Voraussetzung für rezeptives Lernen aus dem Argumentationsangebot aufbringen. Im Zusammenspiel dieser Faktoren ist Kompetenzentwicklung als ein Prozess öffentlichen politischen Lernens in der Abstimmungsdebatte durchaus möglich. Wie für politisches Lernen und politische Teilnahme generell, bilden politisches Interesse und weitere Motivationselemente zusätzliche Voraussetzungen für solche öffentlichen Lernprozesse, die sich allerdings im regelmäßigen Gebrauch direkter Demokratie selbst verstärken dürften. Gelingende Kompetenzentwicklung wird auch das Gefühl staatsbürgerlicher politischer Wirksamkeit und bei einem relevanten Anteil der Stimmbürger auch die Tugend des politischen Verantwortungsbewusstseins für die Interessen anderer und für das „Gemeinwohl"einschließen.

In der Praxis (an der Schweiz noch besser ablesbar als an den USA) gibt es zumindest wichtige Indizien dafür, dass sowohl beträchtliche individuelle Urteilskompetenzen in direktdemokratische Entscheidungsprozesse eingebracht als auch Kompetenzentwicklungen in den öffentlichen Abstimmungsdebatten erzeugt werden. Dafür spricht die intensive Nutzung mehrerer Informationsquellen und die Wahrnehmung vieler Bürger über die Zunahme ihres Informationsstandes und ihres Kompetenzgefühls im Verlauf einer Debatte. Wie bei allen Mustern politischer Beteiligung darf nicht überraschen, dass hierbei Variationen nach Bildungsstand und sozio-ökonomischem Status insgesamt auftreten. Aber die Nutzung von mindestens vier Informationsquellen mit Zeitungen an der Spitze bleibt z. B. in der Schweiz nicht auf die obere Bildungsschicht beschränkt, sondern gilt für den *Durchschnitt* aller Abstimmenden. Das Kompetenzniveau der Stimmbürger wird anhand empirischer Indizes in neueren schweizerischen Untersuchungen erstaunlich hoch angesetzt („hoch"und „vollkommen" um die Hälfte bis ca. 60 Prozent). Dass es im Verlauf der Debatte bei einem Teil der Stimmbürger zu Meinungsveränderungen kommt, deutet ebenso auf die Relevanz der Abstimmungsdebatte hin wie eine relativ späte Meinungsfestlegung bei komplexen Vorlagen. Zugunsten der Ergebnisqualität spricht sicher auch, dass regelmässig die sich kompetent fühlenden Bürger häufiger an den Abstimmungen teilnahmen als jene mit geringer Selbsteinschätzung ihrer Kompetenz.

Sicher ist nicht leicht zu unterscheiden, wieweit Stimmbürger bei ihren Abstimmungsentscheidungen auf längerfristig erworbene, persönliche Fähigkeiten zurückgreifen können, oder wie weit sie wesentliche Informationen, Argumente und Urteilskriterien aus der öffentlichen Abstimmungsdebatte in ihre Meinungsbildung integrieren. Vermutlich ist eine Mehrheit der Bürger auf die Angebote und Anregungen der öffentlichen Debatte angewiesen. Dabei kann man von einem Kumulationseffekt ausgehen, der zusätzlich aus früheren Abstimmungsverfahren und aus der laufenden öffentlichen Kommunikation zum gesamten Politikprozess gespeist wird. Direkte Demokratie bietet jedenfalls immer wieder die institutionelle Chance, mit themenzentriertem Fokus politische Themen entscheidungsverbindlich zur Diskussion zu stellen und damit politische Lernprozesse in einer breiten Öffentlichkeit in Gang zu setzen. Ihre Wirkungen dürften in der Regel über das Ergebnis der konkreten Entscheidung weit hinausreichen.

Leseempfehlungen

GLASER, Ulrich: *Direkte Demokratie als politisches Routineverfahren. Volksabstimmungen in den USA und in Kalifornien.* Erlangen, Jena : Palm & Enke, 1997 (Erlanger Studien 112)

GROSS, Andreas: Das Design der Direkten Demokratie und ihre Qualitäten. Erfahrungen und Reformideen im Vergleich zwischen Kalifornien, Schweiz und den deutschen Bundesländern, in: (Schiller und Mittendorf 2002)

KAMPWIRTH, Ralph: Volksentscheid und Öffentlichkeit. Anstöße zu einer kommunikativen Theorie der direkten Demokratie, in: SCHILLER, Theo (Hrsg.): *Direkte Demokratie in Theorie und kommunaler Praxis.* Frankfurt a. M./New York : Campus, 1999, (Studien zur Demokratieforschung Bd. 2) S. 17–68

LONGCHAMP, Claude: Prädispositionen und Kampagnen. Der Dispositionsansatz als Instrument der politischen Kommunikation für die Entscheidungsanalyse in der direkten Demokratie, in: (Schiller und Mittendorf 2002)

SCHILLER, Theo / MITTENDORF, Volker (Hrsg.): *Direkte Demokratie. Forschung und Perspektiven.* Opladen : Westdeutscher Verlag, 2002

TRECHSEL, Alexander H.: *Feuerwerk Volksrechte. Die Volksabstimmungen in den schweizerischen Kantonen (1979-1996).* Basel, Genf, München : Helbing & Lichtenhahn, 2000 (Collection genevoise)

Weitere Literatur

KIRCHGÄSSNER, Gebhard / FELD, Lars P. / SAVIOZ, Marcel R.: *Die direkte Demokratie: Modern, erfolgreich, entwicklungs- und exportfähig.* Basel, Genf, München : Helbing & Lichtenhahn, 1999

KRIESI, Hanspeter: Akteure - Medien - Publikum. Die Herausforderung direkter Demokratie durch die Transformation der Öffentlichkeit, in: (Neidhardt 1994), S. 234–260

LINDER, Wolf: *Schweizerische Demokratie. Institutionen - Prozesse - Perspektiven.* Bern, Stuttgart, Wien : Haupt, 1999

MAGLEBY, David B.: Direct Legislation in the American States, in: BUTLER, David / RANNEY, Austin (Hrsg.): *Referendums around the world.* Washington D. C. : AEI Press, 1994 S. 218–257

MITTENDORF, Volker: Qualitative Unterschiede in der Wahl- und Abstimmungskampfkommunikation, in: SCHILLER, Theo / MITTENDORF, Volker (Hrsg.): *Direkte Demokratie. Forschung und Perspektiven.* Wiesbaden : Westdeutscher Verlag, 2002

NEIDHARDT, Friedhelm (Hrsg.): *Öffentlichkeit, öffentliche Meinung, soziale Bewegungen.* Opladen : Westdeutscher Verlag, 1994 (Kölner Zeitschrift für Soziologie und Sozialpsychologie Sonderheft 34)

SCHENK, Michael / RÖSSLER, Patrick: Das unterschätzte Publikum. Wie Themenbewußtsein und politische Meinungsbildung im Alltag von Massenmedien ind interpersonaler Kommunikation beeinflußt werden, in: (Neidhardt 1994), S. 261–295

13. Demokratiefunktionen und Perspektiven

Direkte Demokratie bildet, wie immer wieder betont wurde, kein eigenes Gesamtsystem, sondern nimmt als Institution einen Ergänzungsstatus im Rahmen repräsentativer Demokratie ein. Wir haben die vielfältigen Ausprägungen mit unterschiedlichen Verfahrenstypen in einem Spektrum von starken und schwachen Ergänzungsinstitutionen in den vorigen Kapiteln kennengelernt. Welche Wirkung geht nun von der Institution Direkte Demokratie im Gesamtprozess der politischen Systeme aus? Hat sie politische Systeme transformiert? Welche Funktionen kann direkte Demokratie wahrnehmen? Zusammenfassend sollen Antworten darauf versucht werden, wieweit direkte Demokratie einen institutionellen Beitrag zur Verbesserung der Demokratie im Ganzen leisten kann, insbesondere mit Blick auf die im Kap. 4 („Institutionenprofil") skizzierten Prinzipien und Wirkungsannahmen.

13.1 Direkte Demokratie – Faktor der Systemtransformation?

In einem ersten Fragekomplex gehen wir den Strukturwirkungen der direkten Demokratie im Rahmen von Repräsentativsystemen nach, notwendigerweise mit Blick auf längerfristige Entwicklungen. Zu beachten ist, dass die Konstellationen der Entstehungszeit noch keine umfassende Beurteilung der Wirkungsgeschichte einer Institution ermöglichen, sondern spätere Phasen intensiver Aktivierung berücksichtigt werden müssen. Auch darf nicht übersehen werden, dass in Zeiten verfassungspolitischer Strukturveränderungen politischer Systeme oft komplexe Faktoren am Werk sind und nicht nur eine Institution als isolierter „neuer Faktor" in ihren Wirkungen beobachtet werden kann.

Als Systemrahmen sind zunächst parlamentarische und präsidentielle Regierungssysteme zu unterscheiden. Für den präsidentiellen Typ steht exemplarisch die Entwicklung der USA und ihrer Bundesstaaten, wo das Präsidialsystem im Bund und den Einzelstaaten seit der Gründung aus einer direkt gewählten Exekutive (Präsident, Gouverneure) und zwei Häusern des Parlaments besteht. Das Parteiensystem aus Republikanern und Demokraten ist seit dem frühen 19. Jahrhundert im Kern stabil, aber von vielfältigen Spannungslinien überlagert und auf Grund des Mehrheitswahlrechts stark lokal/regional und von Personen geprägt. Es wird im Ganzen und seit langem als ein System schwach organisierter Parteien angesehen, nicht zuletzt deshalb, weil aus Systemgründen die Regierungsstabilität nicht von Parlamentswahlen und parlamentarischer Mehrheitsbildung abhängt. Im Verlauf und besonders zum Ende des 19. Jahrhunderts konnten sich gleichwohl wirtschaftlich verflochtene politische Oligarchien ausbilden, die über „Parteimaschinen" den politischen Betrieb beherrschten. Dagegen richteten sich vor allem die Reformbestrebungen der mittelständischen „People's Party" und des „Progressive Movement" etwa zwischen 1890 und 1920, die auch die Institutionen der direkten Demokratie relativ breit durchsetzen konnten. Die Parteimaschinen der beiden Altparteien wurden in dieser Phase zwar geschwächt, aber sicher nur im Sinne eines Aufbrechens geschlossener Machtkartelle. Diese Öffnung vollzog sich zudem primär durch das erfolgreiche Auftreten neuer „dritter Parteien" in den westlichen Bundesstaaten und bis hinein in den Kongress, die ihre Forderungen nach Initiative, Referendum und Abberufungsrecht gegenüber Repräsentanten (recall) in vielen Bundesstaaten durchsetzen konnten. Von dieser Schwächung erholten sich die Altparteien später zum Teil dadurch, dass sie Kräfte aus den zerfallenden Drittparteien reintegrieren konnten. Die Instrumente direkter Demokratie sind in der Folgezeit in unterschiedlichem Umfang genutzt worden, vor allem auch in wirtschaftlichen Krisenzeiten. Dies hat jedoch die Restabilisierung der großen Parteien nicht verhindert. Für die neuere Aktivierungsperiode direkter Demokratie nach 1970 müsste dieser Befund sicherlich für verschiedene Einzelstaaten genauer differenziert werden. Doch kann festgehalten werden, dass eine Transformation des politischen Systems nicht stattgefunden hat und die Strukturschwächen des Parteiensystems im Kern nicht der direkten Demokratie zugerechnet werden können. Für die politische Machtkontrolle, die Umweltpolitik, das Bildungssystem und die Staatsfinanzen wurden hingegen in zahlreichen Fällen wichtige Initiativfunktionen wahrgenommen und das Transparenzprinzip gefördert. Mit einer zum Teil relativ starken Ergänzungsfunktion dürfte die Institution direkte Demokratie in einer Reihe von US-Bundesstaaten durchaus kohärent in das politische Gesamtsystem integriert sein. Einige in der Diskussion befindliche Vorschläge zu Verfahrensreformen könnten vorhandene Probleme ausräumen.

Die Schweiz hat nicht nur die reichhaltigste Praxis direkter Demokratie zu bieten, sondern bot deshalb auch Anlass für weitreichende Systeminterpretationen. Das politische System der Schweiz entspricht formell einem parlamentarischen Regierungssystem, doch in der Praxis führen Wahlen seit langer Zeit nicht zu Regierungswechseln. Vielmehr bildet die Schweiz den klassischen Fall einer Konkordanzdemokratie mit Proporzregierung aus den größeren Parlamentsparteien (FDP, SPS, CVP, SVP), die nach jeder Wahl auch bei kleineren Sitzverschiebungen in gleicher Zusammensetzung fortbesteht (Zauberformel seit 1959: jeweils 2 Sitze für Freidemokraten, Sozialdemokraten, Christdemokraten, 1 Sitz für Schweizerische Volkspartei). Die starken Volksrechte (Kap. 9) sind mit dieser Ordnung langjährig strukturell verflochten. Einerseits zielt die Suche nach Konsens für politische Maßnahmen darauf ab, ein fakultatives Referendum gegen ein neues Gesetz zu vermeiden; auf der anderen Seite provoziert die eingespielte Konkordanzpolitik und das Fehlen einer parlamentarischen Opposition viele Versuche, über das Referendum sowie über Verfassungsinitiativen Innovation, Kritik oder Bestandserhaltung zu erreichen. Allgemein geht man davon aus, dass Konkordanzdemokratie und direkte Demokratie sich gegenseitig stabilisieren und in diesem Verbund auch fest in einer gewachsenen politische Kultur verankert sind. Einem Übergang vom Konkordanzmodell zur mehrheitsdemokratischen Parteienkonkurrenz steht demnach vor allem entgegen, dass eine in die Opposition verdrängte Partei erst recht nach dem fakultativen Referendum als Oppositionsinstrument greifen werde.

Diese Systemdiagnose wird nun häufig mit der Feststellung verbunden, die Verfahren der direkten Demokratie seien auch ursächlich für die Herausbildung des Konkordanzsystems gewesen. Daraus wird z. T. die generalisierende These abgeleitet, direkte Demokratie bewirke *immer* eine Systemtransformation von mehrheitsdemokratischem Parteienwettbewerb zur Konkordanzdemokratie (Kielmansegg 2001, Jung 2001). Im Fall der Schweiz trifft sicher historisch zu, dass der Weg in die Konkordanzdemokratie 1884/1891 durch die Aufnahme der Katholisch-Konservativen (später Christliche Volkspartei) in die Regierung begann. Dies wurde von den regierenden Freisinnigen für notwendig gehalten, weil die Katholiken zuvor häufig die Regierungspolitik mit dem 1874 eingeführten fakultativen Referendum blockiert hatten. Nach 1891 entstand eine analoge Konstellation zunächst mit den Bauern und ländlichen Gewerbetreibenden (später SVP), die 1929 einen Sitz im Bundesrat erhielten, und schließlich mit den Sozialdemokraten, die 1943 vorübergehend, 1959 dauerhaft ihre Regierungsbeteiligung erreichten. Es ist jedoch festzuhalten, dass vor den späten 1880er Jahren kein System einer offenen Parteienkonkurrenz mit der Chance des Mehrheitswechsels bestanden hatte, sondern eine jahrzehntelange (religiös begünstigte) Einparteien-Herrschaft der Liberalen (Freisinn). Es liegt nahe, dass eine Opposition in einer solchen Situation als strukturelle Minderheitspartei die Möglichkeiten direktdemokratischer Korrekturverfahren ergreift. Auch für die aufstrebenden Sozialdemokraten bestand über Jahrzehnte weder allein noch mit Koalitionspartnern die Chance eines Mehrheitswechsels, und auch in ihrem Fall zog die Nutzung der direktdemokratischen Verfahren (nun stärker der Verfassungsinitiative) nach dem bereits verfestigten Entwicklungsmuster die strukturelle Ausweitung des Proporzsystems nach sich. Aus dem Modellfall Schweiz kann insoweit abgeleitet werden, dass vorhandene direktdemokratische Verfahren (insbesondere fakultatives Referendum) von Oppositionsparteien dann häufig eingesetzt werden, wenn sie einer strukturellen Mehrheit gegenüberstehen und ein Mehrheitswechsel durch Wahlen langfristig ausgeschlossen sind („frozen majority"). Dass sich daraus ein Konkordanzmodell entwickeln konnte, wurde in der Schweiz durch zusätzliche kulturelle Konfliktlinien (Religion, Sprachen) begünstigt. Für politische Systeme ohne eingefrorene Mehrheiten und mit einer gewissen Praxis an parlamentarischen Regierungswechseln kann hingegen eine Entwicklungsautomatik zur Konkordanzdemokratie nicht angenommen werden.

Hinzu kommt, dass andere markante Fälle der Proporzdemokratie jedenfalls nicht wegen direktdemokratischer Instrumente entstanden sind, denn für die „klassischen Fälle" Niederlande und Österreich war ein solcher Faktor keineswegs relevant.

Zur Überprüfung der These können noch weitere Länder herangezogen werden. In Italien wurde das direktdemokratische Verfahren des Aufhebungsreferendums seit Mitte der 70er Jahre häufiger genutzt und spielte auch in der Reform des Parteiensystems Anfang der 90er Jahre eine große Rolle. Auch hier liegt jedoch der Fall einer eingefrorenen, über Jahrzehnte unter Führung der Christdemokraten festgemauerten Mehrheitskonstellation vor, mit der eine Regierungsmehrheit der

Kommunisten abgewehrt werden sollte. Der verstärkte und nach 1990 dramatische Einsatz der direkten Demokratie führte hier nicht zu einem Konkordanzsystem, sondern öffnete gerade umgekehrt (mit der überwiegenden Einführung des Mehrheitswahlrechts) die Machtstruktur *zugunsten* eines Modells der Parteienkonkurrenz und des Mehrheitswechsels. Ob es bei dieser Offenheit bleibt oder sich erneut eine Machtverfestigung mit oppositioneller Direktdemokratie verschränkt, muss hier dahingestellt bleiben.

Schließlich bietet auch ein Blick auf Bayern keine Anzeichen für eine Tendenz zur Systemveränderung. Trotz der im Vergleich zur Schweiz hohen Unterschriftenhürde beim Volksbegehren (10 Prozent) hat ja eine gewisse Nutzung der Volksrechte in diesem Bundesland stattgefunden. Als Erklärung liegt nahe, dass die Ein-Parteien-Dominanz der CSU seit 1958 keinen parlamentarischen Mehrheitswechsel zuließ und daher die Oppositionsparteien punktuell direktdemokratische Aktionen unterstützten. Das hat jedoch keinen Übergang zu einem konkordanzdemokratischen Modell in Gang gesetzt.

Insgesamt fehlt es also letztlich an Belegfällen für die These von Sabine Jung (2001), dass der Einbau direktdemokratischer Verfahren in politische Systeme der mehrheitsdemokratischen Parteienkonkurrenz notwendig eine Systemtransformation zur Konkordanzdemokratie zur Folge habe (unabhängig davon, ob man dies für wünschenswert hält oder nicht).

13.2 Demokratiefunktionen

Auch wenn offenkundig der jeweilige Rahmen der nationalen politischen Systeme und Kulturen und damit die Besonderheiten der Systemeinbettung die Prozesse und Wirkungen der direkten Demokratie in den verschiedenen Ländern stark prägen, lassen sich doch einige allgemeinere Tendenzen herausfiltern. Vorrangig interessieren die Auswirkungen auf die Prinzipien und Funktionen, die oben (Kap. 4) hypothetisch skizziert wurden. Als empirische Basis fallen dabei naheliegenderweise die Länder mit häufigen Aktivitäten entsprechend stärker ins Gewicht.

Direktdemokratische Aktivitäten haben in den Ländern mit größeren Fallzahlen, also der Schweiz, Italien und den US-Bundesstaaten seit den 70er Jahren signifikant zugenommen. Daran lässt sich ablesen, dass offenbar für ein breites Spektrum von Themen eine wichtige politische *Initiativ- und Artikulationsfunktion* wahrgenommen wurde. Es ist wohl kein Zufall, dass dieser Artikulationsbedarf in Ländern sichtbar wurde, deren Verfahrensregeln niedrige Unterschriftenhürden für Volksbegehren (Initiative, fakultatives Referendum) vorsehen (auch wenn dann in Italien die Erfolgshürde in der Volksabstimmung sehr hoch liegt). Dass in anderen Ländern ohne direkte Demokratie oder mit restriktiveren Verfahrensregeln diese Artikulationsfunktion in vollem Umfang von den Parteien- oder Verbändesystemen wahrgenommen wird, erscheint kaum wahrscheinlich.

Betrachtet man die Themenstruktur etwas näher, so fallen die zahlreichen Initiativen zu Themen des politischen Prozesses und der Machtkontrolle auf (besonders in Italien und den USA), mit denen mehr *Offenheit der Machtstruktur* eingefordert wurde. Auch in parlamentarischen bzw. parteiendemokratischen Systemen zeigen die Inhaber von Ämtern und Entscheidungsmehrheiten wenig Bereitschaft, sich selbst Machtbeschränkungen aufzuerlegen. Da direktdemokratische Verfahren die Entscheidungsbefugnis in die Stimmbürgerarena verlagern, können solche Entscheidungsblockaden offenbar leichter überwunden werden – Direktdemokratie wirkt hier als „Entscheidungsreserve“, nicht zuletzt in krisenhaften Entwicklungsphasen.

Das *Transparenz- und Rationalitätsprinzip* als Demokratiekriterium lenkt den Blick vor allem auf die öffentliche Abstimmungsdebatte. Dass im direktdemokratischen Verfahren mit seiner entscheidungsbezogenen Themenzentrierung die Transparenz einer Entscheidungskontroverse in der politischen Öffentlichkeit wesentlich gesteigert wird, ist offenkundig. Auch wenn die Standardakteure des politischen Systems an der Abstimmungsdebatte intensiv beteiligt sind, müssen sie doch, wie die zusätzlich aktivierten Teilnehmer, zum Entscheidungsthema und damit zur Sache mit Informationen und Argumenten beitragen. Es gibt in der Regel gute Chancen dafür, dass wesentliche Komponenten eines Entscheidungsthemas (Werte, Interessen, Projektziele, Instrumente, Kosten, Entscheidungsfolgen) öffentlich nachhaltig in einem breiten Akteursspektrum diskutiert und damit (kontroverse) Grundlagen für rationale Entscheidungen zur Verfügung gestellt werden. Von diesen Möglichkeiten zur Orientierung und zu politischen Lernprozessen machen sicher nicht alle Stimmbürger als Entscheidungsträger gleichermaßen Gebrauch. Doch nach Umfang und Struktur der Mediennutzung und weiteren Kompetenzindikatoren verfügen beträchtliche Teile derer, die an den Abstimmungen teilnehmen, über eine gute Informations- und Entscheidungsbasis. Das Klischee einer uninformierten, gar manipulierten Mehrheit von Stimmbürgern entspricht daher sicher nicht der Realität bei Volksabstimmungen (bei institutionell gefestigter Direktdemokratie). In der Regel wird vielmehr ein angemessenes Rationalitätspotential verfügbar sein, wenngleich die derzeitige Forschungslage nicht erlaubt, über Abweichungen von durchschnittlicher Entscheidungsrationalität nach oben oder unten verlässliche Aussagen zu machen. Im Einzelfall kann es freilich zu deutlich erkennbaren Deformationen der Struktur öffentlicher Abstimmungsdebatten kommen, etwa durch manipulative Kampagnen und einseitigen massiven Finanzeinsatz (Beispiele in den USA). Es sind jedoch durchaus Rahmenregelungen für Fairness in der öffentliche Debatte möglich, die eine argumentative Auseinandersetzung und damit die Rationalität der Entscheidungsfindung unterstützen.

Was schließlich die *politische Effektivität* als Demokratieprinzip betrifft, so ist die starke Akzeptanz direktdemokratischer Entscheidungen unverkennbar. Dafür ist offenbar die Unmittelbarkeit der Legitimation durch die Stimmbürgerschaft verantwortlich. Nur selten werden Volksentscheide entweder durch gegenteilige Initiativen oder andere politische Organe kurzfristig wieder in Frage gestellt, wenn sich die politische Kultur entsprechend gefestigt hat. Direktdemokratische Verfahren können also eine nachhaltige *Legitimationsfunktion* wahrnehmen, die auch der Durchsetzung beschlossener Maßnahmen Nachdruck verleiht. Hinzu kommt ein langfristiger Effekt für die institutionelle Legitimität des politischen Systems insgesamt. Das Entscheidungsrecht aller in der Stimmbürgerarena, die Intensität der öffentlichen Debatte und die breite Beteiligungsmöglichkeit daran tragen nämlich auch zur *politischen Integration* der Bürgerinnen und Bürger in die politische Gemeinschaft bei. Dies gilt auch unabhängig davon, wer im Einzelfall bei einer Entscheidung erfolgreich war. Wenn allerdings wiederholt, vielleicht in struktureller Verfestigung, bestimmte Gruppen unterliegen, kann sich Frustration breitmachen (ähnlich wie bei strukturellen Minderheiten in einer Parteienkonstellation). Einiges deutet jedoch darauf hin, dass in direktdemokratisch aktiven Ländern die Zugehörigkeit zu Mehrheits- und Minderheitspositionen öfters einmal wechselt. Wenn es zu den Wertmerkmalen von Demokratien gehört, dass eine Minderheit zumindest die Chance haben sollte, selbst einmal zur Mehrheit zu werden, dann ist eine solche Variation bei direktdemokratischen Sachentscheidungen als konkrete Erfahrung viel wahrscheinlicher als im parlamentarischen Parteienwettbewerb. Diese Mechanismen der politischen Integration stützen sich letztlich auch auf die Ausweitung des *Prinzips der politischen Gleichheit,* das mit dem allgemeinen Stimmrecht in Sachfragen erweiterte Beteiligungschancen bereitstellt.

Auf einer anderen Ebene der Beurteilung liegt die häufig diskutierte Frage, ob direkte Demokratie eher *innovative oder konservierende Funktionen* wahrnehme. Beim Verfahrenstyp „fakultatives Gesetzesreferendum", der die Ablehnung einer parlamentarischen Gesetzesentscheidung ermöglicht, liegt formal eine konservierende Wirkung nahe, während sich umgekehrt der Verfahrenstyp „Initiative" stärker für innovative Ansätze eignet. Für die reale Funktion kommt es allerdings in beiden Fällen immer noch auf die inhaltliche Substanz der jeweiligen Gesetze selbst an. Am Beispiel der Schweiz lässt sich als grobe Tendenz feststellen, dass die beantragten Gesetzesreferenden nach politischem Gehalt und durch ihre deutlich höhere Erfolgsquote eher konservativ wirken, während die Volksinitiativen thematisch mehrheitlich innovativ ausgerichtet sind, jedoch seltener zu Abstimmungserfolgen kommen. In den US-Bundesstaaten, wo die Initiative häufiger praktiziert wird als das Referendum, scheinen sich die Wirkungsrichtungen die Waage zu halten. In beiden Ländern spielten im Themenspektrum seit den 70er Jahren Umweltfragen, also ein Themenkomplex mit konservierendem und innovativem Doppelcharakter, eine gewichtige Rolle. Längerfristig ist in beiden Ländern ein Beitrag der direkten Demokratie zur Begrenzung der Staatsfunktionen zu beobachten, was aus Sicht der wohlfahrtsstaatlichen Tradition als konservativ gelten mag. In Italien sind mehrere markante Innovationsentwicklungen, auch solche mit staatsbegrenzendem Charakter, entscheidend in Form direkter Demokratie ermöglicht worden. Ein der Institution generell zugeschriebenes Wirkungsmuster findet sich insoweit also nicht, vielmehr muss der gesamte politische Kontext einschließlich langfristiger Machtstrukturen und Parteienkonstellationen einbezogen werden.

13.3 Perspektiven

In Diskussionen über direkte Demokratie fällt oft die stereotype Aussage, direkte Demokratie eigne sich nur für kleine Staaten, am besten Stadtstaaten, während Flächenstaaten nur durch parlamentarische Repräsentation zu regieren seien. Implizit gilt direkte Demokratie damit auch als historisch überholt. Für die Form der Versammlungsdemokratie ist das sicher zutreffend. Aus zwei Gründen geht der Einwand jedoch am Problem vorbei: Zum einen wird heutzutage parlamentarische Repräsentation als Basisinstitution vorausgesetzt, wenn direkte Demokratie als systemergänzende Institution hinzutritt. Zum anderen unterscheidet sich die direkte Demokratie der Urnenabstimmung als Verfahrensmodell gerade dadurch von der Versammlungsdemokratie, dass sie großflächig praktiziert werden kann – und eben in dieser Funktion hat sie z. B. in der Schweiz seit der zweiten Hälfte des 19. Jahrhunderts die Versammlungsdemokratie in den Kantonen und Gemeinden weitgehend abgelöst. Auch die rasanten Entwicklungen der Transport- und Kommunikationsmittel und damit großräumiger politischer Kommunikation sprechen dafür, dass direkte Demokratie eben nicht an kleinräumige Strukturen gebunden und damit ein historisches Relikt ist.[1]

Damit ist die Frage nach zukünftigen Entwicklungschancen der direkten Demokratie in den westlich geprägten Ländern zu bedenken.[2] Dort, wo direkte Demokratie seit langem praktiziert wird, wie in der Schweiz und den amerikanischen Bundesstaaten, erfreut sie sich intensiver Unterstützung der Bürger als fester Teil des Institutionensystems, der nicht in Frage gestellt werden könnte. Dem entspricht auch, dass die Nutzung der Verfahrensmöglichkeiten im letzten Viertel des 20. Jahrhunderts kräftig zugenommen hat. Außer Italien seit 1970 sind allerdings kaum Länder hinzugekommen, in denen direkte Demokratie neu eingeführt oder in großem Umfang stärker praktiziert worden wäre. In den Niederlanden wurde 2001 ein erster Verfahrensansatz beschlossen, des-

1 Im Gegenteil lässt etwa die breite Nutzung des Internet mit themenorientierten Foren, Newsgroups, Mailing-Listen und Ähnlichem auf Tendenzen für eine zunehmende Beteiligungskultur und Themenorientierung schließen, auch wenn der Bereich der politischen Kommunikation nur einen geringen Bruchteil am gesamten Datenverkehr ausmacht. Eine genauere Erörterung dieses Themenbereichs ist hier jedoch auch angesichts des Forschungsstandes nicht möglich.

2 Aussagen über die osteuropäischen Länder müssen hier unterbleiben, da sie eine Diskussion der Gesamtproblematik der Demokratieentwicklung in diesen Ländern voraussetzen würden.

sen Wirkungen noch nicht erkennbar sind. Eine positive Tendenz gibt es in Deutschland seit 1990 in mehrfacher Hinsicht:

(1) In den neuen Verfassungen der ostdeutschen Bundesländer wurden überall Volksbegehren und Volksentscheid auf Landesebene eingeführt;
(2) in mehreren westdeutschen Bundesländern wurden Volksbegehren und Volksentscheid neu eingerichtet (Schleswig-Holstein 1990) oder verfahrensmäßig etwas erleichtert (deutlich zuletzt in NRW 2002);
(3) in Ost- und Westdeutschland wurde überall auf Kommunalebene (außer der Bezirksebene in Berlin) das Verfahren des Bürgerbegehrens und Bürgerentscheids institutionalisiert;
(4) auf Kommunalebene wurden die direktdemokratischen Verfahrensangebote zum Teil bereits rege genutzt, auf Landesebene gibt es dafür immerhin gewisse Ansätze;
(5) für die Einführung von Volksbegehren und Volksentscheid auf Bundesebene kam es 2002 zu einer konkreten politischen Initiative mit deutlicher Mehrheit im Bundestag, die allerdings die Schwelle zur verfassungsändernden Zwei-Drittel-Mehrheit nicht überwinden konnte (s u.).

Diese Entwicklungen deuten jedenfalls auf ein günstiges Klima für die Stärkung direktdemokratischer Rechte hin. Dem entspricht auch eine seit den 70er Jahren wachsende Unterstützung in der Bevölkerung für die Einführung des Volksentscheids auf Bundesebene, die nach Umfragen in den 90er Jahren in Ost und West mit gewissen Schwankungen von 60-70 Prozent der Bevölkerung gewünscht wurde.

Zumindest einige Indizien sprechen also für einen Trend zugunsten der direkten Demokratie, so dass man fragen kann, welche Faktoren sich zur Erklärung und für daran anschließende Prognosen benennen lassen. Sie sind wohl vor allem in Entwicklungen der Sozialstruktur, der politischen Kultur, der Staatsaufgaben und politischen Problemstrukturen sowie in Funktionsproblemen der politischen Systeme und Institutionen zu suchen. Aber auch gegenläufige Faktoren sind in Betracht zu ziehen, insbesondere technokratische Komplexität und Globalisierung.

Da direkte Demokratie *themenspezifische Beteiligungsmöglichkeiten* bietet, eignet sie sich generell für eine sachlich differenziertere Artikulation von Problemen, als sie über Parteien mit ihren stärker generalisierten Programmpaketen möglich ist. Dem kommt die sozialstrukturelle Pluralisierung und Differenzierung der modernen westlichen Gesellschaften (vor allem nach 1945) mit ihrem breiten Spektrum an Problemlagen, Interessen und Themen entgegen. Zwar hat sich diese Tendenz in den Parteiensystemen im Lauf der Zeit durch eine gewisse Ausfächerung niedergeschlagen, diese wird jedoch immer hinter dem sozialstrukturellen Differenzierungsgrad zurückbleiben.

Auch auf diesem Hintergrund wird daher als zweiter Faktor ein Unbehagen an den Parteiensystemen und ihrem Mangel an Alternativen relevant, das sich in verschiedensten Formen äußern kann, z. B. als „Parteienverdrossenheit", als Wahlenthaltung oder auch in Form von Bürgerinitiativen, Protestbewegungen u.Ä.

Als drittes Element ist an Wandlungen in der politischen Kultur zu denken, insbesondere an den seit den 1970er Jahren virulenten Wertewandel von materialistischen zu „postmaterialistischen" Wertorientierungen, die nicht zuletzt Forderungen nach und Bereitschaft zu politischer Beteiligung in konventionellen und unkonventionellen Formen einschließen. Diese „partizipatorische Revolution" (Barnes/Kaase) hat sicher auch das Potential für direktdemokratische Beteiligung beträchtlich ausgeweitet, wie zumindest ein Teil der Themenstruktur der 70er bis 90er Jahre anzeigt.

Viertens werden die (in verschiedene Formen ausgefächerten) neueren Beteiligungsmuster durch die Bildungsexpansion und ein durchschnittlich höheres Bildungsniveau unterstützt, so dass politisches Interesse und politische Kompetenz für politische Entscheidungen und öffentliche Abstimmungsdebatten breiter gestreut sind.

Diese beteiligungsstrukturellen Veränderungen vollzogen sich auf dem Hintergrund einer signifikanten, langfristigen Expansion der Staatsfunktionen des Wohlfahrts- und Sicherheitsstaates. Mit der Zunahme der staatlichen Steuerungseingriffe und der Abhängigkeiten des Einzelnen von öffentlichen Leistungen vervielfältigen sich auch die politisierten Problemlagen und Interessen, an denen sich Beteiligungsbedarf kristallisiert. Die neuere gegenläufige Entwicklung des neoliberal inspirierten Abbaus von Staatsaufgaben bringt zumindest im Übergangsprozess ebenfalls eine Vielzahl von Konfliktstoffen auf die politische Tagesordnung. Andererseits verbindet sich mit den Leistungs- und Steuerungsfunktionen des Interventions- und Wohlfahrtsstaates ein hohes Maß an technischer Komplexität, das Experteneinfluss und technokratische Herrschaftsmuster begünstigt. Hinzu kommen wirtschaftliche Interessenverflechtungen mit ihren Abschirmungstendenzen gegen demokratische Einflussnahme in jeder Form. Beide Strukturelemente sind sicherlich wenig zugänglich für direktdemokratische Entscheidungsfindung. Zu den oben genannten Faktoren, die einen differenzierten Artikulations- und Beteiligungsbedarf begünstigen, entsteht damit eine Spannungslage, die eine eindeutige Entwicklungsprognose für mehr direkte Demokratie nicht mehr ohne weiteres zulässt.

Hinzu kommen weitere Strukturentwicklungen, die die Wirkungsmöglichkeiten von direkter Demokratie wie von Demokratie überhaupt beschneiden. Der ganze Komplex lässt sich im Begriff *„Globalisierung“* zusammenfassen, der besagt, dass sich die wichtigen wirtschaftlichen Prozesse im überregionalen und globalen Rahmen abspielen, nationalstaatliche politische Regulierungen kaum noch greifen und Steuerungsversuche allenfalls noch in multilateral verhandelten „Regimes“ unternommen werden können. Demokratische Rückkopplung und Kontrolle, auch in parlamentarischer Form, läuft hier weitgehend ins Leere. Wenn Demokratie insgesamt und direkte Demokratie im Besonderen an den nationalstaatlichen Rahmen (oder dezentrale Ebenen) gebunden ist, wirkt Globalisierung von Wirtschaft und Politik als unterminierender Faktor.

Eine besonders bedeutsame Zwischenebene stellt die *Europäisierung* des politischen Systems dar. Das notorische Demokratiedefizit der Institutionen der Europäischen Union und des damit entstandenen „europäischen Mehrebenensystem“ wird inzwischen allseits beklagt. Nachdem insbesondere die Probleme der Wirtschaftssteuerung mindestens auf diese Ebene abgewandert sind, bleiben die dort konzentrierten Regulierungen weitgehend intransparent, exekutiv dominiert und von demokratischen Öffentlichkeiten wenig beeinflussbar. Das Europäische Parlament konnte trotz Direktwahl und beträchtlichem Kompetenzzuwachs kaum eine parteiendemokratische Verankerung in den Mitgliedsländern oder gar einer europäischen politischen Öffentlichkeit gewinnen. Ob der Versuch einer Institutionenreform im Rahmen der 2002 begonnenen Erarbeitung einer Europäischen Verfassung (Verfassungskonvent) zu markanten Demokratisierungsschritten führen wird, steht dahin. Im Erfolgsfalle stellt sich auch für eine neue Verfassung Europas die Frage, ob sie nicht durch ein europäisches Verfassungsreferendum oder zumindest durch Verfassungsabstimmungen in allen Mitgliedsstaaten legitimiert werden müsste. Aber auch für die künftige Institutionenstruktur (und damit als Inhalt einer neuen Verfassung) könnten Verfahren der direkten Demokratie Funktionen übernehmen. Angesichts der offenkundigen Schwierigkeiten, dauerhafte Organisationen und Strukturen mit explizit europäischer Dimension aufzubauen, könnte gerade direkte Demokratie auf Grund der Themenzentrierung ihres Verfahrens für die Ausbildung europäischer Entscheidungsprozesse und politischer Öffentlichkeiten interessant werden. Denkbar ist eine europäische Gesetzesinitiative oder ein fakultatives Referendum (jeweils mit niedrigen Quoren, verteilt auf mehrere Mitgliedsstaaten), um Wege zu einer staatenübergreifenden Anregungs- oder Kontrollaktivität zu eröffnen. Direkte Demokratie könnte so in einzelnen Entscheidungssituationen den intervenierenden Anspruch auf Volkssouveränität in der entstehenden Föderation Europa zum Ausdruck bringen.

Da keineswegs alle wichtigen politischen Funktionen zur Europaebene oder Globalisierungsebene abgewandert sind, bleibt nationalstaatlich für Deutschland die Ebene der Bundespolitik als „weißer Fleck". In der alten Bundesrepublik wurde über die Einführung direktdemokratischer Elemente auf Bundesebene keine ernsthafte Diskussion geführt, auch wenn die SPD seit 1979 und die GRÜNEN seit ihrer Entstehung als „basisdemokratische" Partei dahin gehende Forderungen beschlossen hatten. Mehrere Gegenargumente wurden dem üblicherweise entgegengehalten: Verfassungsrechtlich wurde dem Grundgesetz eine Grundentscheidung für die repräsentative Demokratie ohne Spielraum für direktdemokratische Verfahren zugeschrieben; selbst die Formel, die Staatsgewalt werde „in Wahlen *und Abstimmungen*" ausgeübt (Art. 20 Abs. 2 GG), wurde auf den Spezialfall der Länderneugliederung reduziert. Historisch wurde auf negative „Erfahrungen der Weimarer Republik" verwiesen. Verfassungspolitisch wurde davor gewarnt, dass direkte Demokratie die repräsentative Demokratie aushöhlen würde, die Parteien schwächen und Demagogen eine Plattform bieten. Weitere Einwände besagen, Bundespolitik sei (im Unterschied zu Landes- oder Kommunalpolitik) zu komplex, die Bürger seien inkompetent und überfordert, Entscheidungsprozesse würden zu lange dauern, die Verfahrenskosten seien zu hoch, eine kohärente Regierungspolitik sei wegen punktueller Volksentscheide gefährdet und Oppositionsparteien und mächtige Verbände bekämen zusätzliche Blockadeinstrumente in die Hand. Erst die friedliche Revolution in der DDR und die deutsche Einheit unter dem Banner „Wir sind das Volk" gaben der Idee der Volkssouveränität einen neuen Sinn und öffneten den Einstieg in eine praxisrelevante Diskussion. Die Mehrheit für Volksbegehren und Volksentscheid in der Gemeinsamen Verfassungskommission reichte jedoch gegen das Votum der CDU/CSU-Vertreter für eine Änderung des Grundgesetzes nicht aus. Im Koalitionsvertrag von 1998 einigte sich die Regierungskoalition aus SPD und Grünen auf einen neuen Vorstoß, der allerdings erst im März 2002 in den Bundestag eingebracht wurde (vgl. Anhang ab S. 183). Vorgeschlagen wurde ein dreistufiges Verfahren:

- Vorgeschaltet ist eine „Volksinitiative", die mit 400.000 Unterschriften zur Befassungspflicht des Bundestages mit einem Gesetzentwurf führt;
- ein anschließendes Volksbegehren kommt mit 5 Prozent der Wahlberechtigten (ca. 3 Mio.) zustande;
- stimmt der Bundestag nicht zu, ist ein Volksentscheid mit Stimmenmehrheit und zusätzlichem Beteiligungsquorum von 20 Prozent der Stimmberechtigten erfolgreich (bei Verfassungsänderungen Zwei-Drittel-Mehrheit und Beteiligungsquorum von 40 Prozent);
- für Gesetze, die der Zustimmungspflicht des Bundesrates unterliegen würden, müssen zusätzlich Ländermehrheiten erreicht werden, die einer Mehrheit der Bundesratsstimmen entsprechen.

Der Entwurf scheiterte zwar als Verfassungsänderung erneut an der Ablehnung der Unionsparteien, erreichte jedoch mit Unterstützung von SPD, Grünen, PDS und Teilen der FDP (14 von 43 Abgeordneten) am 7. Juni 2002 immerhin eine Zustimmung von 348 der 666 Mitglieder des Deutschen Bundestages (die verfassungsändernde Zwei-Drittel-Mehrheit hätte bei 444 gelegen). Daran lässt sich eine deutlich gewachsene Zustimmung zur Einführung direkter Demokratie als Systemergänzung auf Bundesebene ablesen.

Sollte im Laufe der nächsten Jahre direkte Demokratie auf Bundesebene tatsächlich zustande kommen, wären damit die durch Globalisierung und Europäisierung markierten Erosionen der Demokratie natürlich nicht gebannt. Aber immerhin wäre der Demokratieanspruch im nationalstaatlichen Rahmen bekräftigt, auch als Mahnung für die Regierung bei ihrem Handeln im Rahmen supranationaler Institutionen oder zwischenstaatlicher Verhandlungssysteme. Im verbleibenden Zuständigkeitsbereich der Bundesgesetzgebung sind nach dem genannten Entwurf die Verfahrenshürden immer noch relativ hoch, so dass zwar gelegentlich als erste Stufe eine „Volksinitiative" zustande kommen kann, doch mit häufigen Volksbegehren wäre wohl nicht zu rechnen. Auch wenn die Institution Direkte Demokratie nur ausnahmsweise in Anspruch genommen würde, könnte sie als Systemergänzung gleichwohl zur Funktionsfähigkeit der Demokratie beitragen. Sie ermöglicht, thematische Blockierungen zu lockern, Kontroversen sichtbar zu machen, Machtkartelle zu attackieren und politischen Eliten mehr „politisches Gehör" abzufordern. Dafür gibt es auf allen Ebenen der Politik, auch auf der Bundesebene und im europäischen Politiksystem, genügend Bedarf. Direkte Demokratie wird auch künftig nicht die einzige Form sein, in der die zentralen Politikprozesse parlamentarischer Repräsentation ergänzt werden. Dazu gehört nach wie vor eine freie, informative, kritische und nicht monopolisierte Medienöffentlichkeit als Voraussetzung jeder Art von demokratischer Beteiligung. Dazu gehört weiterhin ein lebendiges Spektrum aktiver Bürgergruppen, Interessenverbände und gemeinwohlorientierter Organisationen. Schließlich wird und muss es die Möglichkeit für „unkonventionelle" politische Beteiligung geben, für Protestaktivitäten und die Entwicklung neuer sozialer und politischer Bewegungen, die von unten und von den Rändern her der Demokratie neue Impulse geben können.

Leseempfehlungen

JUNG, Otmar / KNEMEYER, Franz Ludwig: *Im Blickpunkt: Direkte Demokratie*. München : Olzog, 2001

JUNG, Sabine: *Die Logik direkter Demokratie*. Wiesbaden : Westdeutscher Verlag, 2001

MÖCKLI, Silvano: *Direkte Demokratie. Ein Vergleich der Einrichtungen und Verfahren in der Schweiz und Kalifornien, unter Berücksichtigung von Frankreich, Italien, Dänemark, Irland, Österreich, Liechtenstein und Australien*. Bern, Stuttgart, Wien : Haupt, 1994 (Sankt Gallener Studien zur Politikwissenschaft 16)

Weitere Literatur

JUNG, Otmar: Direkte Demokratie – Forschungsstand und Perspektiven, in: (Schiller und Mittendorf 2002)

PLASSER, F. / ULRAM, P. A. (Hrsg.): *Staatsbürger oder Untertanen? Politische Kultur Deutschlands, Oesterreichs und der Schweiz im Vergleich.* Frankfurt a. M. u.a. : Lang, 1991

SCHILLER, Theo / MITTENDORF, Volker (Hrsg.): *Direkte Demokratie. Forschung und Perspektiven.* Opladen : Westdeutscher Verlag, 2002

14. Literaturverzeichnis

Im Text verwendete Literatur:

[von Arnim 2000a] ARNIM, Hans H. von (Hrsg.): *Direkte Demokratie. Beiträge auf dem 3. Speyerer Demokratie-Forum vom 14.-16. Oktober an der Deutschen Hochschule für Verwaltungswissenschaften Speyer.* Berlin : Duncker und Humblot, 2000 (Schriftenreihe der Hochschule Speyer 133)

[von Arnim 2000b] ARNIM, Hans H. von: *Vom schönen Schein der Demokratie.* München : Droemer und Knaur, 2000

[Barber 1994] BARBER, Benjamin: *Starke Demokratie. Über die Teilhabe am Politischen.* Hamburg : Rotbuch Verlag, 1994

[Bauer 1997] BAUER, Martin: *Direkte Demokratie und Finanzpolitik in den USA. Volksabstimmungen über Haushaltsfragen, Steuern und Verschuldung in Kalifornien*, Universität Erlangen-Nürnberg, Dissertation, 1997

[Bermbach 1973] BERMBACH, Udo (Hrsg.): *Theorie und Praxis der direkten Demokratie.* Opladen : Westdeutscher Verlag, 1973

[Billerbeck 1989] BILLERBECK, Rudolf: *Plebiszitäre Demokratie in der Praxis, zum Beispiel Kalifornien.* Berlin : Edition Sigma, 1989

[Bleicken 1995] BLEICKEN, Jochen: *Die athenische Demokratie.* 4. Aufl. Paderborn : UTB - Schöningh, 1995 (UTB Wissenschaft 1330)

[Bogdanor 1994] BOGDANOR, Vernon: Western Europe, in: (Butler und Ranney 1994), S. 24–97

[Bogumil 2002] BOGUMIL, Jörg (Hrsg.): *Kommunale Entscheidungsprozesse im Wandel. Theoretische und empirische Analysen.* Opladen : Leske+Budrich, 2002 (Stadtforschung aktuell 87)

[Bowler und Donovan 2000] BOWLER, Shaun / DONOVAN, Todd: California's experience with direct democracy, in: *Parliamentary affairs* 53 (2000), October, Nr. 4, S. 644–656

[Bracher 1978] BRACHER, Karl D.: *Die Auflösung der Weimarer Republik: eine Studie zum Problem des Machtverfalls in der Demokratie.* 5. Aufl. Königstein/Ts. : Athenäum, 1978

[Butler und Ranney 1994] BUTLER, David / RANNEY, Austin (Hrsg.): *Referendums around the World. The Growing Use of Direct Democracy.* Washington D.C. : AEI Press, 1994

[C2D – Research and Documentation Center on Direct Democracy] C2D – RESEARCH AND DOCUMENTATION CENTER ON DIRECT DEMOCRACY: *Datenbank zur Direkten Demokratie.* Internetressource. – URL: http://c2d.unige.ch

[Capretti 1999] CAPRETTI, Anna: Direkte Demokratie in Italien, in: (Heußner und Jung 1999), S. 123–141

[Capretti 2001] CAPRETTI, Anna: *Öffnung der Machtstrukturen durch Referenden in Italien. Eine pluralismustheoretische Analyse.* Frankfurt a.M. u.a. : Peter Lang, 2001 (Interdisziplinäre Europa-Studien 2)

[Danzer 1995] DANZER, Olaf: *Irland und Italien – Auf dem Weg zu einer Referendumsdemokratie?*, Hamburg, Diplomarbeit, 1995. – URL: http://www.fu-berlin.de/hyperthek/arbeiten/i_p/oda_irl1.htm

[Engeli 1985] ENGELI, Christian: Volksbegehren und Volksentscheid im Kommunalverfassungsrecht der Weimarer Zeit, in: *Archiv für Sozialgeschichte* Jg. 25 (1985), S. 299–331

[Erne 2002] ERNE, Roland: Obligatorisches Referendum, Plebiszit und Volksbegehren – drei Typen direkter Demokratie im europäischen Vergleich, in: (Schiller und Mittendorf 2002)

[Fetscher 1975] FETSCHER, Iring: *Rousseau's politische Philosophie.* 3. Aufl. Frankfurt a. M. : Suhrkamp, 1975

[Glaser 1997] GLASER, Ulrich: *Direkte Demokratie als politisches Routineverfahren. Volksabstimmungen in den USA und in Kalifornien.* Erlangen, Jena : Palm & Enke, 1997 (Erlanger Studien 112)

[Gross 1999] GROSS, Andreas: Die schweizerische Direkte Demokratie, in: (Heußner und Jung 1999), S. 87–100

[Gross 2002] GROSS, Andreas: Das Design der Direkten Demokratie und ihre Qualitäten. Erfahrungen und Reformideen im Vergleich zwischen Kalifornien, Schweiz und den deutschen Bundesländern, in: (Schiller und Mittendorf 2002)

[Gruner und Hertig 1983] GRUNER, Erich / HERTIG, Hans-Peter: *Der Stimmbürger und die „neue" Politik. Wie reagiert die Politik auf die Beschleunigung der Zeitgeschichte?* Bern/Stuttgart : Haupt, 1983

[Hahnzog 1999] HAHNZOG, Klaus: Bayern als Motor für unmittelbare Demokratie, in: (Heußner und Jung 1999), S. 159–176

[Hertig 1982] HERTIG, Hans-Peter: Sind Abstimmungserfolge käuflich? Elemente der Meinungsbildung bei eidgenössischen Abstimmungen, in: *Schweizerisches Jahrbuch für Politische Wissenschaft* (1982), Nr. 22, S. 35–57

[Heußner 1994] HEUSSNER, Hermann K.: *Volksgesetzgebung in den USA und in Deutschland. Ein Vergleich der Normen, Funktionen, Probleme und Erfahrungen.* Köln, Berlin, Bonn, München : Heymann, 1994 (Erlanger juristische Abhandlungen 43)

[Heußner 1999] HEUSSNER, Hermann K.: Ein Jahrhundert Volksgesetzgebung in den USA, in: (Heußner und Jung 1999), S. 101–122

[Heußner und Jung 1999] HEUSSNER, Hermann K. / JUNG, Otmar (Hrsg.): *Mehr direkte Demokratie wagen.* München : Olzog, 1999

[IRI – Initiative and Referendum Institute] IRI – INITIATIVE AND REFERENDUM INSTITUTE: *I & R-Information.* Internet-Ressource. – URL: http://www.iandrinstitute.org

[Jürgens 1993] JÜRGENS, Gunther: *Direkte Demokratie in den Bundesländern. Gemeinsamkeiten - Unterschiede - Erfahrungen. Vorbildfunktion für den Bund?* Stuttgart u. a. : Boorberg, 1993

[Jung 1989] JUNG, Otmar: *Direkte Demokratie in der Weimarer Republik. Die Fälle „Aufwertung", „Fürstenenteignung", „Panzerkreuzerverbot" und „Young-Plan"*. Frankfurt a. M./New York : Campus, 1989

[Jung 1992] JUNG, Otmar: Der Volksentscheid über das Abfallrecht in Bayern vom 17. Februar 1991, in: *Zeitschrift für Parlamentsfragen* Jg. 23 (1992), S. 48–69

[Jung 1993] JUNG, Otmar: Daten zu Volksentscheiden auf Landesebene (1946-1992), in: *Zeitschrift für Parlamentsfragen* Jg. 24 (1993), S. 4–13

[Jung 1994] JUNG, Otmar: *Grundgesetz und Volksentscheid. Gründe und Reichweite der Entscheidungen des Parlamentarischen Rates gegen Formen direkter Demokratie.* Opladen : Westdeutscher Verlag, 1994

[Jung 1997] JUNG, Otmar: Der Volksentscheid über die Einführung des kommunalen Bürgerentscheids in Bayern am 1. Oktober 1995, in: *Jahrbuch zur Staats- und Verwaltungswissenschaft* Bd. 9 (1997), S. 191–272

[Jung 1999a] JUNG, Otmar: Die Landesverfassungsreferenden des Jahres 1994, in: *Landes- und Kommunalverwaltung* (1999), Nr. 5, S. 319–321

[Jung 1999b] JUNG, Otmar: Das Quorenproblem beim Volksentscheid. Legitimität und Effizienz beim Abschluß des Verfahrens der Volksgesetzgebung, in: *Zeitschrift für Politik* (1999), Nr. 9, S. 863–898

[Jung 2000] JUNG, Otmar: Abschluß und Bilanz der jüngsten plebiszitären Entwicklung in Deutschland auf Landesebene, in: *Jahrbuch des öffentlichen Rechts* Bd. 48 (2000), S. 39–85

[Jung 2002] JUNG, Otmar: Direkte Demokratie – Forschungsstand und Perspektiven, in: (Schiller und Mittendorf 2002)

[Jung und Knemeyer 2001] JUNG, Otmar / KNEMEYER, Franz Ludwig: *Im Blickpunkt: Direkte Demokratie.* München : Olzog, 2001

[Jung 2001] JUNG, Sabine: *Die Logik direkter Demokratie.* Wiesbaden : Westdeutscher Verlag, 2001

[Kampwirth 1999] KAMPWIRTH, Ralph: Volksentscheid und Öffentlichkeit. Anstöße zu einer kommunikativen Theorie der direkten Demokratie, in: (Schiller 1999a), S. 17–68

[Kielmansegg 2001] KIELMANSEGG, Peter G.: Soll die Demokratie direkt sein? Wenn die Bürger selbst entscheiden, ersetzt der Monolog den Dialog zwischen Wählern und Gewählten, in: *Frankfurter Allgemeine Zeitung* (2001), 25.4.2001, Nr. 96

[Kirchgässner u. a. 1999] KIRCHGÄSSNER, Gebhard / FELD, Lars P. / SAVIOZ, Marcel R.: *Die direkte Demokratie: Modern, erfolgreich, entwicklungs- und exportfähig.* Basel, Genf, München : Helbing & Lichtenhahn, 1999

[Klages und Paulus 1996] KLAGES, Andreas / PAULUS, Petra: *Direkte Demokratie in Deutschland - Impulse aus der deutschen Einheit. Mit einem Vorwort von Ernst Gottfried Mahrenholz sowie einem Nachwort von Theo Schiller und Andreas Gross.* Marburg : Schüren, 1996

[Kliegis und Kliegis 1999] KLIEGIS, Brigitte / KLIEGIS, Ulrich G.: Der Volksentscheid über die Rechtschreibreform in Schleswig-Holstein 1998, in: (Heußner und Jung 1999), S. 287–306

[Klöti u. a. 1999] KLÖTI, Ulrich / KNOEPFEL, Peter / KRIESI, Hanspeter / LINDER, Wolf / PAPADOPULOS, Yannis (Hrsg.): *Handbuch der Schweizer Politik. Manuel de la politique suisse.* Zürich : NZZ Verlag, 1999

[Kobach 1994] KOBACH, Kris W.: Switzerland, in: (Butler und Ranney 1994), S. 98–153

[Kost 1999] KOST, Andreas: *Bürgerbegehren und Bürgerentscheid. Genese, Programm und Wirkungen am Beispiel Nordrhein-Westfalen.* Schwalbach a. Ts. : Wochenschau Verlag, 1999

[Kriesi 1994] KRIESI, Hanspeter: Akteure - Medien - Publikum. Die Herausforderung direkter Demokratie durch die Transformation der Öffentlichkeit, in: (Neidhardt 1994), S. 234–260

[Lackner 1999] LACKNER, Stefanie: Willensbildungsprozesse im Rahmen von Bürgerentscheiden, in: (Schiller 1999a), S. 69–113

[Linder 1999a] LINDER, Wolf: Direkte Demokratie, in: (Klöti u. a. 1999), S. 109–130

[Linder 1999b] LINDER, Wolf: *Schweizerische Demokratie. Institutionen - Prozesse - Perspektiven.* Bern, Stuttgart, Wien : Haupt, 1999

[Longchamp 2002] LONGCHAMP, Claude: Prädispositionen und Kampagnen. Der Dispositionsansatz als Instrument der politischen Kommunikation für die Entscheidungsanalyse in der direkten Demokratie, in: (Schiller und Mittendorf 2002)

[Luthardt 1994] LUTHARDT, Wolfgang: *Direkte Demokratie. Ein Vergleich in Westeuropa.* Baden-Baden : Nomos, 1994

[Magleby 1994] MAGLEBY, David B.: Direct Legislation in the American States, in: (Butler und Ranney 1994), S. 218–257

[Möckli 1994] MÖCKLI, Silvano: *Direkte Demokratie. Ein Vergleich der Einrichtungen und Verfahren in der Schweiz und Kalifornien, unter Berücksichtigung von Frankreich, Italien, Dänemark, Irland, Österreich, Liechtenstein und Australien.* Bern, Stuttgart, Wien : Haupt, 1994 (Sankt Gallener Studien zur Politikwissenschaft 16)

[Möckli 1998] MÖCKLI, Silvano: Direktdemokratische Einrichtungen und Verfahren in den Mitgliedstaaten des Europarates, in: *Zeitschrift für Parlamentsfragen* Jg. 29 (1998), Nr. 1, S. 90–107

[Meineke 1994] MEINEKE, Stefan: Die Weimarer Erfahrungen mit der Volksgesetzgebung: Bilanz der Forschung und Kritik neuerer Revisionsversuche., in: *Jahrbuch für Politik* (1994), S. 105–156

[Milatz 1965] MILATZ, Alfred: *Wähler und Wahlen in der Weimarer Republik.* Bonn : Bundeszentrale für politische Bildung, 1965

[Mittendorf 1999] MITTENDORF, Volker: Direktdemokratische Verfahren im Prozeß – Verkehrsberuhigung in Winterthur (Schweiz), in: (Schiller 1999a), S. 165–209

[Mittendorf 2002] MITTENDORF, Volker: Qualitative Unterschiede in der Wahl- und Abstimmungskampfkommunikation, in: (Schiller und Mittendorf 2002)

[Mittendorf und Rehmet 2002] MITTENDORF, Volker / REHMET, Frank: Bürgerbegehren und Bürgerentscheide: Wirkungsaspekte auf kommunale Willensbildungs- und Entscheidungsvorbereitungsprozesse in Deutschland und der Schweiz, in: (Bogumil 2002), S. 219–238

[Müller 1997] MÜLLER, Wolfgang C.: Das Regierungssystem, in: DACHS, Herbert / GERLICH, Peter u. a. (Hrsg.): *Handbuch des Politischen Systems Österreichs.* 3. erw. Aufl. Wien : Manz, 1997 S. 71–83

[Neidhardt 1994] NEIDHARDT, Friedhelm (Hrsg.): *Öffentlichkeit, öffentliche Meinung, soziale Bewegungen.* Opladen : Westdeutscher Verlag, 1994 (Kölner Zeitschrift für Soziologie und Sozialpsychologie Sonderheft 34)

[Paust 1999] PAUST, Andreas: *Beiträge zur Demokratieentwicklung von unten.* Bd. 14: *Direkte Demokratie in der Kommune. Zur Theorie und Empirie von Bürgerbegehren und Bürgerentscheid.* Bonn : Stiftung Mitarbeit, 1999

[Paust 2001] PAUST, Andreas: *Arbeitshilfe Bürgerbegehren und Bürgerentscheid. Ein Praxisleitfaden.* Bornheimer Straße 3, 53111 Bonn : Stiftung Mitarbeit, 2001. – URL: http://www.buergerbegehren.de/leitfaden

[Plasser und Ulram 1991] PLASSER, F. / ULRAM, P. A. (Hrsg.): *Staatsbürger oder Untertanen? Politische Kultur Deutschlands, Oesterreichs und der Schweiz im Vergleich.* Frankfurt a. M. u.a. : Lang, 1991

[Rehmet 2002] REHMET, Frank: Direkte Demokratie in den deutschen Bundesländern, in: (Schiller und Mittendorf 2002)

[Rehmet u. a. 1999] REHMET, Frank / WEBER, Tim / PAVLOVIC, Dragan: Bürgerbegehren und Bürgerentscheide in Bayern, Hessen und Schleswig-Holstein, in: (Schiller 1999a), S. 117–164

[Rousseau 1762] ROUSSEAU, Jean-Jacques: *Der Gesellschaftsvertrag.* (div. deutsche Ausgaben), 1762

[Schaal und Habermann 1999] SCHAAL, Diana / HABERMANN, Gerd: Argumente für skeptische Zeitgenossen, in: (Heußner und Jung 1999), S. 333–350

[Schenk und Rössler 1994] SCHENK, Michael / RÖSSLER, Patrick: Das unterschätzte Publikum. Wie Themenbewußtsein und politische Meinungsbildung im Alltag von Massenmedien ind interpersonaler Kommunikation beeinflußt werden, in: (Neidhardt 1994), S. 261–295

[Schiffers 1971] SCHIFFERS, Reinhard: *Elemente direkter Demkratie im Weimarer Regierungssystem.* Düsseldorf : Droste, 1971

[Schiffers 1999] SCHIFFERS, Reinhard: Schlechte Weimarer Erfahrungen?, in: (Heußner und Jung 1999), S. 41–60

[Schiffers 2000] SCHIFFERS, Reinhard: Schlechte Weimarer Erfahrungen?, in: (von Arnim 2000a), S. 51–65

[Schiffers 2002] SCHIFFERS, Reinhard: „Weimarer Erfahrungen“: Heute noch eine Orientierungshilfe?, in: (Schiller und Mittendorf 2002)

[Schiller 1999a] SCHILLER, Theo (Hrsg.): *Direkte Demokratie in Theorie und kommunaler Praxis.* Frankfurt a.M./New York : Campus, 1999 (Studien zur Demokratieforschung Bd. 2)

[Schiller 1999b] SCHILLER, Theo: Prinzipien und Qualifizierungskriterien von Demokratie, in: BERG-SCHLOSSER, Dirk / GIEGEL, Hans-Joachim (Hrsg.): *Perspektiven der Demokratie. Probleme und Chancen im Zeitalter der Globalisierung.* Frankfurt a. M./New York : Campus, 1999, (Studien zur Demokratieforschung Bd. 1) S. 28–56

[Schiller 2000] SCHILLER, Theo: Die Praxis der direkten Demokratie auf kommunaler Ebene, in: (von Arnim 2000a), S. 83–111

[Schiller und Mittendorf 2002] SCHILLER, Theo / MITTENDORF, Volker (Hrsg.): *Direkte Demokratie. Forschung und Perspektiven.* Opladen : Westdeutscher Verlag, 2002

[Schmidt 2000] SCHMIDT, Manfred G.: *Demokratietheorien.* 3. Aufl. Opladen : UTB; Leske+Budrich, 2000

[Schüren 1978] SCHÜREN, Ulrich: *Der Volksentscheid zur Fürstenenteignung 1926. Die Vermögensauseinandersetzung mit den depossedierten Landesherren als Problem der deutschen Innenpolitik unter besonderer Berücksichtigung der Verhältnisse in Preußen.* Düsseldorf : Droste, 1978

[Stelzenmüller 1994] STELZENMÜLLER, Constanze: *Direkte Demokratie in den Vereinigten Staaten von Amerika.* Baden-Baden : Nomos, 1994 (Beiträge zum ausländischen und vergleichenden öffentlichen Recht 5)

[Trechsel und Serdült 1999] TRECHSEL, Alexander / SERDÜLT, Uwe: *Kaleidoskop Volksrechte. Die Institutionen der direkten Demokratie in den schweizerischen Kantonen (1970-1996).* Basel, Genf, München : Collection genevoise, 1999

[Trechsel 2000] TRECHSEL, Alexander H.: *Feuerwerk Volksrechte. Die Volksabstimmungen in den schweizerischen Kantonen (1979-1996).* Basel, Genf, München : Helbing & Lichtenhahn, 2000 (Collection genevoise)

[Troitzsch 1979] TROITZSCH, Klaus G.: *Volksbegehren und Volksentscheid.* Meisenheim am Glan : Hain, 1979

[Weber 1993] WEBER, Peter: Der lange Weg zur Verfassungsreform in Italien, in: *Zeitschrift für Parlamentsfragen* Jg. 24 (1993), Nr. 3, S. 474–495

[Weixner 2002] WEIXNER, Bärbel M.: *Direkte Demokratie in den Bundesländern. Verfassungsrechtlicher und empirischer Befund aus politikwissenschaftlicher Sicht.* Opladen : Leske + Budrich, 2002

[Wili 1997] WILI, Hans-Urs: Volksrechte und Föderalismus im internationalen Vergleich, in: *Gesetzgebung heute. Mitteilungsblatt der Schweizerischen Gesellschaft für Gesetzgebung* (1997), Nr. 8, S. 15–64

[Witte 1997] WITTE, Jan: *Unmittelbare Gemeindedemokratie der Weimarer Republik. Verfahren und Anwendungsausmaß in den norddeutschen Ländern.* Baden-Baden : Nomos, 1997 (Hannoversches Forum der Rechtswissenschaften 2)

Anhang: Gesetzentwurf der Fraktionen von SPD und BÜNDNIS 90/DIE GRÜNEN

Der im März 2002 von den Regierungsfraktionen von SPD und Bündnis 90/Die Grünen in den Deutschen Bundestag eingebrachte Gesetzentwurf zur Änderung des Grundgesetzes wurde am 7. Juni 2002 im Bundestag abschließend beraten. Die Abstimmung ergab bei 539 abgegebenen Stimmen eine Zustimmung von 348 der (zu diesem Zeitpunkt) insgesamt 666 Mitglieder des Bundestages; für eine verfassungsändernde Zwei-Drittel-Mehrheit wären 444 Stimmen erforderlich gewesen. Unterstützt wurde der Entwurf von den Abgeordneten der SPD, von Bündnis 90/Die Grünen, der PDS sowie 14 der 43 FDP-Abgeordneten. Die Abgeordneten der CDU/CSU lehnten den Entwurf (bei einer Zustimmung und einer Enthaltung) ab.

Erste Lesung: Sitzungsberichte des Deutschen Bundestages, 14. Wahlperiode, 227. Sitzung am 21. März 2002, S. 22494 ff.

Zweite (und dritte) Lesung: 14. Wahlperiode, 240. Sitzung am 7. Juni 2002, S. 24017 ff. (als Internet-Ressourcen zu finden unter http://dip.bundestag.de/parfors/parfors.htm)

Deutscher Bundestag Drucksache 14/8503

14. Wahlperiode 13. 03. 2002

Gesetzentwurf

der Abgeordneten Hermann Bachmaier, Wilhelm Schmidt (Salzgitter), Dr. Peter Struck und der Fraktion der SPD sowie der Abgeordneten Gerald Häfner, Cem Özdemir, Irmingard Schewe-Gerigk, Antje Vollmer, Kerstin Müller (Köln), Rezzo Schlauch und der Fraktion BÜNDNIS 90/DIE GRÜNEN

Entwurf eines Gesetzes zur Einführung von Volksinitiative, Volksbegehren und Volksentscheid in das Grundgesetz

A. Problem

Die im Grundgesetz festgelegte parlamentarisch-repräsentative Demokratie hat sich in der Bundesrepublik Deutschland bewährt. Doch auch der Wunsch nach stärkerer Beteiligung wächst in der Bevölkerung. In den letzten Jahren wurden die Beteiligungsrechte der Bürgerinnen und Bürger auf Ebene der Bundesländer deutlich ausgebaut. Die Erfahrungen damit waren positiv. Laut Artikel 20 Abs. 2 Grundgesetz wird die Staatsgewalt vom Volke in Wahlen und Abstimmungen ausgeübt. Durch neue direkte Beteiligungsrechte der Bürgerinnen und Bürger soll das parlamentarisch-repräsentative System unserer sozialen und rechtsstaatlichen Demokratie nun ergänzt, jedoch nicht ersetzt werden. Zusätzliche Beteiligungsrechte bringen auch mehr Verantwortung für die Bürgerinnen und Bürger bei der Entscheidung wichtiger Sachfragen. Interesse und Engagement für eine verantwortliche Willensbildung werden verstärkt. Dies belebt die Demokratie insgesamt und macht sie für die Menschen auch attraktiver. Neue Beteiligungsrechte müssen sich ebenso wie parlamentarische Initiativen und Entscheidungen an den Grundrechten, den unveränderlichen Grundentscheidungen der Verfassung und den übrigen verfassungsrechtlichen Bestimmungen ausrichten und der Kontrolle durch das Bundesverfassungsgericht unterliegen.

B. Lösung

Das Grundgesetz wird ergänzt bzw. geändert durch die Einführung der unmittelbaren Bürgerbeteiligung durch Volksinitiative, Volksbegehren und Volksentscheid auch auf Bundesebene.

C. Alternativen

Beibehaltung der bisherigen Verfassungslage.

D. Kosten

Volksinitiativen, Volksbegehren und Volksentscheide führen zu Durchführungskosten beim Bund, vor allem aber bei den Ländern und Gemeinden, die der Bund zu erstatten hat. Hierzu gehören u. a. Kosten der Prüfung der Stimmberechtigung, von öffentlichen Bekanntmachungen, Druckkosten, Kosten für die Versendung von Abstimmungsbenachrichtigungen, Kosten der Feststellung von Abstimmungsergebnissen. Die Höhe der entstehenden Kosten ist vor allem davon abhängig, in welchem Umfang die Bevölkerung die neuen Beteiligungsrechte nutzen wird. Die bisherigen in- und ausländischen Erfahrungen bei Volksentscheiden zeigen, dass sich die daraus entstehenden „Demokratiekosten“ in einem überschaubaren Rahmen halten.

Entwurf eines Gesetzes zur Einführung von Volksinitiative, Volksbegehren und Volksentscheid in das Grundgesetz

Der Bundestag hat mit Zustimmung des Bundesrates folgendes Gesetz beschlossen; Artikel 79 Abs. 2 des Grundgesetzes ist eingehalten:

Artikel 1
Änderung des Grundgesetzes (Einführung von Volksinitiative, Volksbegehren und Volksentscheid)

1. Artikel 76 Abs. 1 (Einbringung von Gesetzesvorlagen) wird wie folgt geändert:

„(1) Gesetzesvorlagen werden beim Bundestage durch die Bundesregierung, aus der Mitte des Bundestages, durch den Bundesrat oder durch Volksinitiative eingebracht."

2. Artikel 79 Abs. 2 (Änderung des Grundgesetzes) wird wie folgt geändert:

„Ein solches Gesetz bedarf der Zustimmung von zwei Dritteln der Mitglieder des Bundestages und zwei Dritteln der Stimmen des Bundesrates oder der Zustimmung durch Volksentscheid."

3. Nach Artikel 82 wird folgender Abschnitt eingefügt:

„VII a. Volksinitiative, Volksbegehren, Volksentscheid

Artikel 82a (Volksinitiative)

(1) Vierhunderttausend Stimmberechtigte können den Bundestag mit einer mit Gründen versehenen Gesetzesvorlage befassen. Die Vertrauensleute der Volksinitiative haben das Recht auf Anhörung.

(2) Finanzwirksame Volksinitiativen sind zulässig. Ausgeschlossen sind Volksinitiativen über das Haushaltsgesetz, über Abgabengesetze, Dienst- und Versorgungsbezüge sowie die Rechtsverhältnisse der Mitglieder des Deutschen Bundestages sowie über eine Wiedereinführung der Todesstrafe.

Artikel 82b (Volksbegehren)

(1) Kommt innerhalb von acht Monaten das beantragte Gesetz nicht zustande, können die Vertrauensleute der Volksinitiative die Durchführung eines Volksbegehrens einleiten.

(2) Hält die Bundesregierung, eine Landesregierung oder ein Drittel der Mitglieder des Bundestages das beantragte Gesetz für verfassungswidrig, ist die Entscheidung des Bundesverfassungsgerichts einzuholen.

(3) Das Volksbegehren ist zustande gekommen, wenn ihm fünf vom Hundert der Stimmberechtigten innerhalb von sechs Monaten zugestimmt haben.

Artikel 82c (Volksentscheid)

(1) Ist ein Volksbegehren zustande gekommen, findet innerhalb von sechs Monaten ein Volksentscheid statt, es sei denn, das begehrte Gesetz wurde zuvor angenommen.

(2) Der Bundestag kann nach Maßgabe des Artikels 77 einen eigenen Gesetzentwurf mit zur Abstimmung stellen.

(3) Ein Gesetzentwurf ist angenommen, wenn die Mehrheit der Abstimmenden zugestimmt hat und mindestens zwanzig vom Hundert der Stimmberechtigten sich an der Abstimmung beteiligt haben.

(4) Ein verfassungsändernder Gesetzentwurf ist angenommen, wenn zwei Drittel der Abstimmenden zugestimmt und mindestens vierzig vom Hundert der Stimmberechtigten sich an der Abstimmung beteiligt haben.

(5) Bei Gesetzen, die der Zustimmung des Bundesrates bedürfen und bei verfassungsändernden Gesetzen gilt das Ergebnis der Abstimmung in einem Land als Abgabe seiner Bundesratsstimme.

Artikel 82d (Ausführungsgesetz)

Das Nähere, auch den Anspruch der Stimmberechtigten auf Information über Inhalte und Gründe der Gesetzentwürfe, regelt ein Gesetz, welches der Zustimmung des Bundesrates bedarf.“

Artikel 2 (Inkrafttreten)

Dieses Gesetz tritt sechs Monate nach seiner Verkündung in Kraft.

Berlin, den 13. März 2002
Dr. Peter Struck und Fraktion
Kerstin Müller (Köln), Rezzo Schlauch und Fraktion

Begründung

A. Allgemeines

Die parlamentarisch-repräsentative Demokratie des Grundgesetzes hat sich bewährt.

Sie soll jedoch um direkte Beteiligungsrechte der Bürgerinnen und Bürger ergänzt werden. Demokratie ist auf aktive, interessierte und verantwortungsbewusste Bürgerinnen und Bürger angewiesen. Die Einführung der Möglichkeit von unmittelbarer Bürgerbeteiligung und -entscheidung ist geeignet, neues Engagement und Bereitschaft zu Mitverantwortung zu wecken. Das demokratische Bewusstsein wird dadurch gefestigt und belebt. Das Volk als Träger der Staatsgewalt gewinnt in dem gesetzten Rahmen einen unmittelbaren Einfluss auf deren Ausübung.

Volksinitiative, Volksbegehren sowie Volksentscheid werden in das Grundgesetz eingefügt, um den Bürgerinnen und Bürgern über die Teilnahme an Wahlen hinaus Möglichkeiten unmittelbarer Einflussnahme auf die politische Willensbildung und staatliche Entscheidungen einzuräumen. Viele Bürgerbewegungen und -initiativen auf kommunaler wie auf Landes- und Bundesebenen zeigen den Willen der Bevölkerung, sich aktiv für das Gemeinwesen einzusetzen und an seiner Ausgestaltung mitzuwirken. Dieser Bereitschaft zur Mitwirkung an der Politikgestaltung sollen erweiterte Handlungsmöglichkeiten eröffnet werden.

Handlungsformen hierfür sind insbesondere die Volksinitiative, das Volksbegehren und der Volksentscheid. Diese Formen direkter Bürgerbeteiligung stellen das parlamentarisch-repräsentative System des Grundgesetzes nicht in Frage, sondern ergänzen es sinnvoll. Das Parlament bleibt für den Regelfall der Ort der politischen Auseinandersetzung, der Entscheidung und des Kompromisses. Das Volk als Träger der Staatsgewalt gewinnt aber einen effektiveren Einfluss auf deren Ausübung, indem es das Parlament dazu veranlassen kann, sich mit bestimmten Themen zu befassen, oder indem es selbst unmittelbare Sachentscheidungen trifft.

Ein Mehr an direkter Bürgerbeteiligung führt auch zur Festigung und Belebung der parlamentarischen Demokratie. Eine Schwächung ist nicht zu erwarten. Die Sorge um die „demokratische Reife" des Volkes, die bei der Verabschiedung des Grundgesetzes als Grund für die Versagung direkter Demokratie ins Feld geführt worden war, widerstreitet jedenfalls heute nicht mehr direkter Demokratie. Die Bundesrepublik Deutschland kann sich auf ein in mehr als 50 Jahren gewachsenes demokratisches Bewusstsein der Bevölkerung stützen.

Die Erfahrungen in Staaten des – vor allem europäischen – Auslandes, deren Verfassungen Formen direkter Bürgerbeteiligung enthalten, lassen erkennen, dass auch schwierige und komplexe Sachverhalte sachgerecht beurteilt und entschieden werden können. Insofern stellt eine Ergänzung des Grundgesetzes auch einen Schritt zu mehr europäischer Gemeinsamkeit dar. In allen Ländern der Bundesrepublik Deutschland gibt es die Möglichkeit des Volksentscheids. Das auf Länderebene grundsätzlich bewährte Verfahren sollte auch auf Bundesebene seinen Platz haben.

Das vorgesehene Verfahren der Volksgesetzgebung ist dreistufig ausgestaltet:

Mit der Volksinitiative erhalten die Bürgerinnen und Bürger die Möglichkeit, den Deutschen Bundestag mit einem bestimmten und mit Gründen versehenen Gesetzentwurf zu befassen.

Stimmt der Gesetzgeber innerhalb von acht Monaten einem solchen Gesetzentwurf nicht zu, findet auf Antrag der Vertreterinnen und Vertreter der Initiative ein Volksbegehren statt.

Kommt das Volksbegehren zustande, so ist ein Volksentscheid über den Gesetzentwurf durchzuführen. Bei Zustimmung einer – gegebenenfalls qualifizierten – Mehrheit der Abstimmenden ist der Gesetzentwurf angenommen.

Das vorgesehene Verfahren sichert, dass die Verfassung und insbesondere die Grundrechte nicht verletzt werden. Die vorgezogene Normenkontrolle durch das Bundesverfassungsgericht beugt der Gefahr verfassungswidriger Volksentscheide vor. Zudem ermöglicht die Dauer des Verfahrens von ca. zwei Jahren vom Start der Volksinitiative bis zum Volksentscheid einen gründlichen Diskussionsprozess. Das Instrument der Konkurrenzvorlage ermöglicht dem Deutschen Bundestag darüber hinaus eine eigene Regelung mit zur Abstimmung zu stellen, wenn er die vorgeschlagene Regelung mehrheitlich für nicht angemessen hält.

B. Die Regelungen im Einzelnen

Zu Artikel 1

Zu Nummer 1 – Artikel 76 Abs. 1

Es wird als Folgeänderung zu Artikel 82a (neu) klargestellt, dass die durch eine Volksinitiative an den Deutschen Bundestag herangetragenen Gesetzentwürfe als Gesetzesvorlagen zu behandeln sind.

Zu Nummer 2 – Artikel 79 Abs. 2

Es wird klargestellt, dass die Verfassung auch durch Volksentscheid geändert werden kann.

Zu Nummer 3 – Abschnitt VII a.

Zu Artikel 82a

Zu Absatz 1

Bürgerinnen und Bürger, die das Parlament mit einer Gesetzesvorlage befassen wollen, müssen zunächst vierhunderttausend Stimmberechtigte davon überzeugen, die Einbringung der Gesetzesvorlage zu unterstützen. Die Sammlung dieser Unterschriften ist nicht fristgebunden.

Nur ein vollständiger und begründeter Gesetzentwurf kann Gegenstand einer Volksinitiative sein. Bloße Handlungsaufträge oder Zielvorgaben an das Parlament sind ausgeschlossen.

Die Vertrauensleute haben als Vertreter der Volksinitiative das Recht auf Anhörung.

Zu Absatz 2

Grundsätzlich kann sich die Volksgesetzgebung auf alle Regelungsgegenstände beziehen, für die eine Bundeskompetenz besteht. Zunächst wird klargestellt, dass finanzwirksame Gesetzentwürfe zulässig sind. Das heißt Gesetze, die staatliche Einnahmen oder Ausgaben auslösen, können durch Volksinitiative, Volksbegehren und Volksentscheid zustande kommen. Die Volksgesetzgebung wird nicht unter einen allgemeinen Finanzvorbehalt gestellt, da andernfalls weite Regelungsbereiche ausgeschlossen wären.

Die finanziellen Auswirkungen der Volksgesetzgebung bergen keine höhere Gefahr für das Gleichgewicht des Haushalts als die parlamentarische Gesetzgebung. Zudem werden die Rechte des Parlaments durch die Abstimmung über ein finanzwirksames Gesetz nicht entscheidend vermindert: Der Deutsche Bundestag kann während des Verfahrens alternative Regelungen verabschieden oder zur Abstimmung stellen. Dem Parlament bleibt es auch im Grundsatz unbenommen, ein durch Volksentscheid beschlossenes Gesetz wieder zu ändern oder aufzuheben.

Das Budgetrecht des Parlaments wird durch das Recht finanzwirksamer Volksgesetzgebung berührt. Artikel 79 Abs. 3 und Artikel 20 stehen dieser Modifizierung des Budgetrechts durch den verfassungsändernden Gesetzgeber aber nicht entgegen. Das Budgetrecht ist Ausdruck des Gewaltenteilungs- und damit des Rechtsstaatsprinzips und auch Ausprägung des Demokratieprinzips. Historisch ist es als parlamentarische Kontrolle der (monarchischen) Exekutive entstanden. Auch verfassungsdogmatisch betrifft es das Verhältnis zwischen (bislang rein parlamentarischer) Legislative und Exekutive. Die Einschränkung des parlamentarischen Budgetrechts zugunsten der Volksgesetzgebung belässt das Budgetrecht aber innerhalb der legislativen Staatsfunktion und ist deshalb dem verfassungsändernden Gesetzgeber nicht verwehrt.

Ausgenommen von der Volksgesetzgebung ist aber das Haushaltsgesetz selbst. Dieses ist für die Volksgesetzgebung ungeeignet, da es in einem festen zeitlichen Rahmen verabschiedet werden muss. Auch eignet sich die auf ein konkretes Vorhaben zugeschnittene Volksgesetzgebung nicht zum Instrument der globalen Steuerung durch das Haushaltsgesetz, welches dem Parlament vorbehalten bleibt.

Auch Abgabengesetze bleiben wie schon in Artikel 73 Abs. 4 der Weimarer Reichsverfassung von der Volksgesetzgebung ausgenommen, da sie gerade dem Zweck der staatlichen Mittelbeschaffung dienen und ihre Änderung deshalb dem Parlament vorbehalten bleiben soll. Gemeint sind hier Abgaben i. S. d. Finanzverfassungsartikel, d. h. Steuern, Zölle und Finanzmonopole.

Dienst- und Versorgungsbezüge sind ebenfalls – wie auch in den Länderverfassungen – von der Volksgesetzgebung ausgenommen. Das heißt die Alimentationsleistungen des Staates gegenüber seinen Beamten können nicht durch Volksgesetzgebung gesenkt oder erhöht werden.

Auf die Rechtsstellung der Bundestagsabgeordneten soll sich die Volksgesetzgebung nicht erstrecken, um die Unabhängigkeit der Abgeordneten zu gewährleisten.

Zu Artikel 82b

Zu Absatz 1

Sobald die Volksinitiative eine in die Zuständigkeit des Bundes fallende Gesetzesvorlage in den Deutschen Bundestag eingebracht hat, ist dieser verpflichtet, sich mit ihr zu befassen.

Eine durch Volksinitiative ausgelöste Debatte kann schon auf dieser Stufe zu einem vom Parlament beschlossenen Gesetz führen, welches das Anliegen der Initiative aufgreift. Wenn das von der Initiative beantragte Gesetz nicht innerhalb von acht Monaten zustande kommt, wobei der Bundesrat gemäß den Artikeln 77, 78 zu beteiligen ist, so können die Vertrauensleute der Volksinitiative die Durchführung eines Volksbegehrens einleiten.

Zu Absatz 2

Bereits ab Einleitung des Volksbegehrens unterliegt der Gesetzentwurf der verfassungsgerichtlichen Kontrolle. Diese vorgezogene Normenkontrolle gewährleistet, dass grundgesetzwidrige Entwürfe schon vor Durchführung des aufwändigen Volksbegehrens gestoppt werden. Dies gilt sowohl für die Voraussetzung der Bundeszuständigkeit und des nach Artikel 82a Abs. 2 zulässigen Gegenstands, als auch für sämtliche materiellen verfassungsrechtlichen Grenzen. So würde ein Volksbegehren, das gegen Grundrechte verstößt, bereits in diesem Stadium scheitern.

Zweck der antizipierten Normenkontrolle ist es auch, den weiteren Verfahrensgang von verfassungsrechtlichen Streitigkeiten zu entlasten und der Enttäuschung vorzubeugen, die bei der Verwerfung eines volksbegehrten oder -beschlossenen Gesetzes zu einem späteren Zeitpunkt entstünde.

Zu Absatz 3

Der eigentliche Test für die Relevanz des Gesetzentwurfs und seine Akzeptanz bei Bürgerinnen und Bürgern ist das Erreichen der für das Volksbegehren erforderlichen Unterstützung. Fünf Prozent der Stimmberechtigten, d. h. rund drei Millionen Bürgerinnen und Bürger müssen das Anliegen der Initiatoren für so wichtig halten, dass sie innerhalb von sechs Monaten eine Volksabstimmung begehren.

Zu Artikel 82c

Zu Absatz 1

Nach Zustandekommen des Volksbegehrens kann das Parlament das begehrte Gesetz innerhalb von sechs Monaten verabschieden und damit das Verfahren beenden.

Der Zeitraum von sechs Monaten reicht, um Abstimmungen während ungünstiger Zeiten zu vermeiden und ggf. mehrere Abstimmungen zusammenzufassen oder mit einem Wahltermin zu verbinden. Zudem ist diese Zeit eine weitere Informations- und Werbephase für Befürworter wie Gegner des Gesetzentwurfs.

Wenn das Parlament den Gesetzentwurf nicht verabschiedet, findet – ohne weiteren Antrag – ein Volksentscheid statt.

Zu Absatz 2

Die Verzahnung von parlamentarischer und direktdemokratischer Gesetzgebung wird in der Phase des Volksentscheids dadurch erreicht, dass der Deutsche Bundestag einen eigenen Gesetzentwurf zum gleichen Gegenstand zur gleichzeitigen Abstimmung stellen kann. An diesem wirkt der Bundesrat entsprechend Artikel 77 mit. Dieses Verfahren ist geeignet, die Diskussion um die beste Lösung und die Kompromissfindung zu fördern.

Zu Absatz 3

Ein einfaches Gesetz kommt durch Volksentscheid zustande, wenn sich die Mehrheit der Abstimmenden dafür ausspricht. Das zusätzliche Erfordernis, dass sich mindestens zwanzig Prozent der Stimmberechtigten an der Abstimmung beteiligt haben muss, verhindert, dass sich partikulare Sonderinteressen einer kleinen Minderheit durchsetzen können. Gewährleistet wird zugleich, dass das Abstimmungsergebnis nicht durch Hinweis auf eine zu geringe Stimmbeteiligung in Frage gestellt werden kann. Anliegen von bundesweiter Bedeutung und allgemeinem politischen Interesse haben jedoch gute Chancen, das Beteiligungsquorum zu erreichen.

Zu Absatz 4

Für Verfassungsänderungen gelten erheblich höhere Quoren. Dies entspricht der erschwerten Abänderbarkeit der Verfassung im parlamentarischen Verfahren. Die Verfassung als Grundlage der Rechtsordnung und des politischen Prozesses soll nur dann durch Volksabstimmung geändert werden können, wenn ein breiter gesellschaftlicher Konsens besteht. Deshalb müssen sowohl zwei Drittel der Abstimmenden zustimmen als auch mindestens vierzig Prozent der Stimmberechtigten sich an der Abstimmung beteiligen. Durch diese Voraussetzungen ist die Verfassung vor nicht hinreichend durchdachten Änderungen geschützt.

Zu Absatz 5

Diese Regelung trägt dem bundesstaatlichen Aufbau der Bundesrepublik Deutschland Rechnung. Vorbild für die Länderbeteiligung beim Volksentscheid ist das bewährte Modell des schweizerischen „Volks- und Ständemehr“ (Artikel 142 Abs. 3 Bundesverfassung der Schweizerischen Eidgenossenschaft). Bei Verfassungsänderungen und bei Gesetzen, die im parlamentarischen Verfahren der Zustimmung des Bundesrates bedürften (zustimmungspflichtige Gesetze) werden die Stimmen doppelt gezählt: Das Ergebnis in einem Land gilt als die Abgabe seiner Bundesratsstimmen. Demnach muss bei zustimmungspflichtigen Gesetzen die Mehrheit der Abstimmenden in so vielen Ländern dem Gesetzentwurf zustimmen, dass deren Stimmen einer Mehrheit im Bundesrat entsprechen.

Bei Verfassungsänderungen ist die Mehrheit in so vielen Ländern erforderlich, dass deren Stimmen einer Zweidrittelmehrheit im Bundesrat entsprechen. Diese Regelung fügt den Volksentscheid in das föderale System der Bundesrepublik Deutschland ein. Die Gewichtung der Bundesländer im Bundesrat bei der parlamentarischen Gesetzgebung setzt sich im Abstimmungsverfahren des Volksentscheids fort.

Die erforderliche Mitwirkung der Länder bei der Gesetzgebung (Artikel 79 Abs. 3) ist hierdurch sichergestellt. Denn Artikel 79 Abs. 3 erklärt nur die grundsätzliche Mitwirkung für unantastbar und garantiert weder den bisherigen Umfang noch das bestehende Verfahren der ausschließlichen Mitwirkung durch den Bundesrat.

Da beim Volksentscheid die Bürgerinnen und Bürger unmittelbar und nicht vermittelt durch Repräsentativorgane entscheiden, kann die Mitwirkung der Länder ebenfalls nur unmittelbar erfolgen. Die Berücksichtigung der Abstimmungsergebnisse in den einzelnen Bundesländern realisiert somit deren erforderliche Mitwirkung.

Zu Artikel 82d

Die Einzelheiten des Verfahrens der Volksgesetzgebung sind in einem besonderen Bundesgesetz zu regeln, das wegen der Möglichkeit von Volksentscheiden auch in der Zustimmung des Bundesrates obliegenden Bereichen selbst dessen Zustimmung bedarf. Neben Verfahrensfragen und Einzelheiten der Rechtsstellung der Initiativen werden in diesem Gesetz auch Regelungen zur Information der Abstimmenden über Inhalte und Gründe der Gesetzentwürfe sowie Regelungen zur Kostenerstattung getroffen werden müssen.

Zu Artikel 2 (Inkrafttreten)

Die Vorschrift regelt gemäß Artikel 82 Abs. 2 Satz 1 Grundgesetz das Inkrafttreten des Gesetzes.

Tabellenverzeichnis

Abbildungsverzeichnis

Index